CHAYAN
GUANSE

CHAYAN
GUANSE

察颜观色

宋瑞峥　石晓晨◎著

中国出版集团有限公司

世界图书出版公司
北京　广州　上海　西安

图书在版编目（CIP）数据

察颜观色 / 宋瑞峥，石晓晨著 . — 北京 : 世界图
书出版公司 , 2017.8（2025.6 重印）
　　ISBN 978-7-5192-3525-3

　　Ⅰ.①察…　Ⅱ.①宋…　②石…　Ⅲ.①犯罪心理学
Ⅳ.① D917.2

中国版本图书馆 CIP 数据核字（2017）第 197501 号

书　　名　察颜观色
　　　　　CHAYAN GUANSE

著　　者　宋瑞峥　石晓晨
总 策 划　吴　迪
责任编辑　梁沁宁
特约编辑　金敬梅

出版发行　世界图书出版有限公司北京分公司
地　　址　北京市东城区朝内大街 137 号
邮　　编　100010
电　　话　010-64033507（总编室）　0431-80787855　13894825720（售后）
网　　址　http://www.wpcbj.com.cn
邮　　箱　wpcbjst@vip.163.com
销　　售　新华书店及各大平台
印　　刷　北京一鑫印务有限责任公司
开　　本　787 mm×1092 mm　1/16
印　　张　20.5
字　　数　222 千字
版　　次　2017 年 8 月第 1 版
印　　次　2025 年 6 月第 2 次印刷
国际书号　ISBN 978-7-5192-3525-3
定　　价　49.80 元

　　现在关于读心术的书籍俯拾皆是，在机场的书屋、路边的书报亭都可以随手买到，许多人闲暇时都喜欢买来一本书看以打发时间。有关表现读心术如何神奇的影视作品也不在少数，当中精通读心术的神探们，一个个面容冷峻目光犀利，他们总是能在错综复杂的事物中发现蛛丝马迹，总是能从犯罪嫌疑人的一举一动中识破阴谋诡计。

　　但是说实话，在我的人生历程中却不是这样子的，我研究与接触读心术的过程多少还有点无奈的味道。

　　大约三十年前，我被派到一个基层人民检察院任副检察长兼反贪局局长。那时还很年轻的我意气风发、斗志昂扬，暗暗下决心要干出一点成绩来证明自己，但是信心满满的我一到任就面临两个巨大的难题。

　　一是我所在的人民检察院是全区最小的单位，我所分管的职务犯罪侦查部门"老弱病残"加在一起就四五个人，而且没有交通工具，没有侦查设备，侦查员们文化功底差、业务能力弱、实战经验少。在上级组织的历年业务评比中，我们年年排在倒数第一的位置。对于这样的工作业绩，领导不满意，同行瞧不起，我们自己一天天也活得灰头土脸，无精打采。

不用说，要想改变落后、被人瞧不起的现状，只有从加大办案力度、提高办案质量这"华山"一条路抓起。

二是因为我是上级人民检察院派来的人，又比较年轻，所以当地的同志们都打心眼儿里不服，认为我是草包一个，只不过是走了什么莫名其妙的狗屎运才混到这个位置上，所以在工作中处处刁难我。

侦查工作几乎天天与各种各样的证人、污点证人、犯罪嫌疑人打交道。那时候，不论是什么人，只要来到我们的办案区，不配合我们的谈话工作，大家就大眼儿瞪小眼儿，来到我的办公室问我该怎么办。

怎么办？我又不是诸葛亮能掐会算，我心里清楚他们是故意难为我，但那时的我还没有树立起工作威信，遇到别人刁难也没有后路可退，只能暗暗咬牙硬着头皮闯出一条路来。

每当这时候，我就一个人长时间地坐在监视器前面默默地观察那些即将接受审讯的人，从他们的性别、年龄、文化、职业、发型、相貌、气质、神色、着装、举止等方面进行分析、判断，研究对他们进行问讯时应该采取什么样的方法、策略，研究在遇到阻力时该怎么样才能攻坚克难。

然后，我把自己通过分析研判制定出来的审讯方案交给同志们去执行。就这样，一天天一年年，一个案件又一个案件过去了，我所在的职务犯罪侦查部门从原来年年全区评比的最后一名到后来的名列前茅，发生了质的变化，我也赢得了同志们的尊重与信任。

但是那时候我并不知道自己为了摆脱困境而殚精竭虑研究的问题是什么读心术。

后来，我参加了国家职业心理咨询师的学习，才算是在基础理论上明白了一点点。

2011 年，最高人民检察院决定在国家检察官学院吉林分院设立职务犯罪侦查实训基地。我先期是作为授课教师的组织者参与此项工作，后来又被聘请为国家检察官学院吉林分院的高级教官从事教学工作。这时在莫离先生的推荐下，我阅读了乔·纳瓦罗的《FBI 教你读心术》一书。这本书对我有一定的启发。于是，我开始整理收集自己几十年来从事侦查工作的经验与心得，编写成职务犯罪侦查实训教材《行为心理学在侦查中的应用》。

2016 年，我的教学课件"行为心理学在侦查中的应用"被最高人民检察院政治部评选为"全国检察机关实训教学精品课件"，这对我来说是一个意外的惊喜，更是鼓励与肯定。

毕竟我不是专业意义上的学者与专家，对于这方面的许多名词与理论都是一知半解、懵懂的，实践上的探索也属于应急型的，许多时候都是能把眼前的急活儿应付过去就不错了，所以写的东西中许多地方不但缺乏系统性，而且深度不够，这也是情理之中的事吧，希望能得到大家的谅解。

最明显的一点就是对于这门学科的正式名称该怎么确定，我一直在纠结。我个人觉得应该概括地叫作"行为心理学"，但是这个名字显然不够精准，显得大而笼统。其他的诸如"非言语行为""微表情""肢体语言""微反应"

等也都有一定的不完整性，不能真正说明并概括这门学科。

　　最让人贻笑大方的叫法恐怕就是"读心术"了，这个名字与这门学科之间简直就是风马牛不相及，然而读心术又是最通俗易懂、最为广大民众所喜闻乐见的名字，所以我也就将错就错地经常使用这个笑话一样的称呼了。

　　读心术在侦查工作中并不能起到一招制敌的决定性作用，但它是复合型侦查人才应该具备的一种基础技能。

　　我个人更倾向于把读心术在侦查中的作用定义为：用我们的知识与智慧，为行动、判断与决策指引一个可供参考的方向。

　　相信许多人都有过这样的经历，在与他人接触的时候，不知道是对方说的哪一句话还是他的一个什么举动，反正是他的什么地方抑或是什么东西触动了我们的些许感觉。这种感觉可能会长久地萦绕在我们的心里，但是我们却说不清楚自己到底感觉到了什么。有的感觉可能在日后的某一天，我们忽然就顿悟了，而有的感觉可能永远都让我们如堕雾中迷惑不清。

　　有的人把这种感觉归类为是有点灵性的直觉，其实这种让你能察觉得到，但是却说不明白的异样感觉，就是那个人的微表情或者是肢体语言被你无意中捕捉到了，只不过是你不懂得该怎么进行分析与解读。

　　侦查工作是一种复杂的、综合性极强的社会实践活动，而问讯环节更是体现审讯者与被审讯者在面对面交锋的时候，相互斗智斗勇的过程，是想方设法对信息的保护与对信息的获取的过程，很多时候成功与失败就取决于对有价值信息的占有，一个关键信息的拥有与泄露在一瞬间就决定了胜与负。

侦查员在问讯中占有心理及形式上的主导地位，处于进攻的角色；犯罪嫌疑人在形势及心理上处于不利的地位，因此是被动的一方。

　　在常规的问讯活动中，侦查活动的组织者及侦查员往往把精力集中在对问讯方案的制定上，并通过激烈的语言交锋形式，来获取对侦查工作有价值的信息。

　　但实际情况是，人与人的交流，语言固然重要，因为语言是人类表达情感和意图的最直接、最真实的方式。然而，不可忽视的是，我们人类其实还有另外一种语言——微表情及肢体语言。这一无声的语言同样直接而真实，同样蕴含大量的、丰富的、有价值的信息。中央电视台有一个节目叫《挑战不可能》，其中有一期的内容是，河南的一个女警察，她是一个步伐追踪专家，她仅仅通过一个人留下的脚印，就能准确地判断出此人的性别、年龄、身高、体重、体态等特征。而且她还能通过众多人的现场走路姿态，从几十个年龄、身高、体型相似的人中，找出脚印的所属者。

　　这也该属于行为学的一种吧，只是更加专注于研究和收集、判断脚印所留下的信息资讯。也就是说，对常人来讲没有什么特别意义的脚印，但对于善于解读的人来说，其中却包含了极其丰富而意义重大的信息。

　　思维决定行为，行为形成习惯，习惯固化成性格，性格决定命运。

　　人的一切行为都是由脑来决定的，脑是人类行为的指挥者和决策者。脑是人体的司令部，时时刻刻对人的躯体发号施令，而人的身体所做的一切活动，不过是在机械地执行脑的指令。比如，经过研究发现，脑对于人的心、肺、脾、胃、肾等内脏器官具有积极的调节作用，也就是说，一个人的内脏功能如何、健康与否，都与脑的运作调节密切相关。要是没有脑发号施令，即使再健壮的躯体也不可能有什么作为，只不过是一堆行尸走肉。

语言也是一种行为。人在脑的支配下会有许多的行为，比如语言、表情、肢体动作、思维，等等。脑的活动是以脑电波的形式进行的，但是要进行人与人之间的交流或沟通，就需要由能被他人接收的，更具有直观性、准确性、规范性的方式来实现。也就是说，脑虽然是一切行动的决策者，但脑本身不会说话，更无法直观地表达自己的千言万语，只能是多少柔情多少意，统统埋藏在心底。

因此，聪明的脑必须借助其他形式来表达自己的万千心意。一般来说，人类有三种表达意图的方法：

一是声音，包括语言、音乐、歌吟、声响。

二是符号，包括绘画、雕塑、图形、密码、服饰、色彩等。

三是微反应，包括肢体语言及微表情等。

在动物界，最重要的交流方式不是语言而是气味。气味在动物识别种群、辨别亲子、告示权威、划分领地、引导行动等诸多方面都有着举足轻重，不可替代的作用。而我们人类显然是在进化的过程中，逐渐丰富和加强了声音符号的交流形式与功能，渐渐失去了使用气味交流的能力。

在遥远的北美阿拉斯加荒原上，美洲郊狼在风雪中追逐驯鹿。郊狼只要将驯鹿留在雪地上的蹄印嗅一嗅，就可以准确地判断出这只驯鹿走过去多长时间，也可以准确地判断出与驯鹿的距离。另外，郊狼同时也可以获得有关驯鹿的体型大小、性别、年龄、健康与否等关键信息。

据英国心理学者统计，在人类的所有交流方式中，语言的交流大约占25%。而我们从事的侦查工作具有的一个显著的特点是，凡是我们所接触的人，几乎都是在心理上与我们对立的人，其现实中的表现就是：只要是我们想知道的事情，正是他们打死也不想说的；而他们喋喋不休说给我们听的事情，往往是我们感觉没有价值的。

当然，言语的交锋永远是审讯工作的主题。通过语言的交锋来获取对侦查工作有价值的信息，是不容置疑的主要工作方式。但是，所有的案件在审讯上的突破，除了证据的掌握与证据链条的有效编织，无一例外都需要反复的交锋、证据的支撑、谋略的应用，以及一定的、丰富的、时间的基础保障。

但是稍加留意我们就会发现，现实生活及工作中人与人的交流，除了至关重要的言语信息的获取，同时还有大量的、有价值的肢体语言及微表情的信息被浪费掉了，这是十分可惜的。而侦查指挥者及侦查员，如果能掌握一定的观察非言语行为的技巧，能对侦查工作中观察到的非言语行为进行有效解读，往往就会获取意想不到的丰富信息。这些信息具有珍贵的价值，对侦查工作的顺利进行意义非凡。

可以说在实际工作或生活中，学习一点心理学的知识，掌握一点行为心理学的技巧，对于我们更好地生活与工作有着积极的指引与支撑作用。

一、行为心理学在人类历史上也有脚印留下

行为是人类存在的重要形式，就是说人类的存在是需要用各种行为来表现的。不论我们知道与否，也不论我们注意与否，丰富多彩的行为一直伴随着我们，与我们形影不离，并在我们的生活及工作中朝夕相伴，与我们逝水流年的一生息息相关。

在我国春秋时期，官府有明确的规定：官员在审理案件的时候，应该使用"五声听狱讼"。"五声听狱讼"是中国古代司法官吏在审理案件时观察当事人心理活动的五种方法，即辞听、色听、气听、耳听、目听的简称，最早见于《周礼·秋官·小司寇》。据郑玄的注释，辞听是"观其出言，不直则烦"；色听是"察其颜色，不直则赧"；气听是"观其气息，不直则喘"；耳听是"观其聆听，不直则惑"；目听是"观其眸子视，不直则眊然"。以后各朝代均以"五听"作为刑事审判的重要手段，《唐六典》规定："凡察狱之官，先备五听。"

据说在东汉末年，魏王曹操将要接见来自匈奴的使者，但他认为自己身材矮小，相貌丑陋，害怕不能慑服匈奴，于是让崔季珪假冒自己，自己则拿着武士的刀站在座椅边。等到接见完毕，曹操派人去问那个使者："你觉得魏王如何？"匈奴使者答道："魏王气质高雅，不同寻常，然而座位旁边提刀侍立的那个人，才是个真英雄。"

看看，这个匈奴使者察言观色的能力好强啊！他能通过魏王曹操与崔季珪的肢体语言及微表情，就准确地判断出谁是真正的英雄。我们不得不说这个匈奴使者应该是一个行为心理学的行家里手。

中国历史上像这样的故事不胜枚举，但最传神、最令人口齿生香的当属《三国演义》中青梅煮酒这一故事情节。

故事说在一个春末的午后，天气阴沉。挟天子以令诸侯的曹操邀请寄人篱下的刘备赏青梅饮酒。

喝酒的过程中，曹操对刘备说："听说你久历四方，必知当世英雄。请试言之。"

刘备是个野心家，做梦都想当皇帝，但是在穷途末路之际，不敢暴露自己的野心，却又小心眼儿不想夸赞曹操。于是，他就装憨卖傻，先后说出几个草包饭桶式的人物来应付曹操，但都被曹操鄙视地否决了。

没有办法的情况下，刘备只好不情愿地搬出来当时北方实力最强大的诸侯袁绍，试探着说："河北袁绍，四世三公，门多故吏；今虎踞冀州之地，部下能事者极多，可为英雄？"

这时曹操针对袁绍给出了一番一针见血的评价："操笑曰：'袁绍色厉胆薄，好谋无断；干大事而惜身，见小利而忘命：非英雄也'。"

看看，曹操不但通过对袁绍的日常观察，掌握了袁绍的行事风格、思维方式、观念状态等情况，而且对袁绍的人格特征也了如指掌。

要知道，袁绍当时是中国北方最大的军阀，兵多将广，谋士云集。曹操要想实现一统天下的宏图大业，与袁绍早晚会有一战。而曹操通过日常对袁绍的了解和观察，对袁绍的心理构成及人格缺陷，不但分析得十分透彻，而且掌握得非常全面。曹操与袁绍两个人虽未交手，然而胜负已分。这种料敌在前的功夫，对后来曹操在战略上、战役上、战术上击败袁绍，起着举足轻重的作用。

二、行为心理学在当前侦查活动中的应用价值

1. 当前新形势下侦查工作的特点

现在文明执法与保护人权被提到了越来越重要的位置。过去老的侦查模式中靠暴力取证、靠延长时间审讯、靠突审来取得口供突破的工作方法被绝对禁止了。

修改后的《刑事诉讼法》对审讯工作的时间规定是，侦查员对涉案的犯罪嫌疑人的问讯活动必须在 12 至 24 小时之内结束。这样的时间长度符合国际社会普遍规定的做法，但这种对时间的严格限制规定，却使我们习惯了的传统意义上的长时间疲劳审讯永远成为不可能。而且修改后的《刑事诉讼法》还要求审讯工作要全程同步录音、录像，要求给予犯罪嫌疑人必要的休息时间。这些严格的规定在充分保障人权的基础上，也对侦查员的素质提出了新的要求。

2. 新的侦查模式对侦查员有了新的要求

一方面是被问讯的人不愿意面对有损名誉的事情，不想回答甚至是抗拒回答侦查员的问话；另一方面是侦查员必须在短短的十几个小时之内让犯罪嫌疑人供述其涉嫌犯罪的事实。

这种一方坚决不想说，另一方想方设法要获取有用的信息，就是一种很难调和又必须面对的现实。作为掌握主动权一方的侦查员，就需要运用更多的智慧来掌控审讯工作的进行，需要有过硬的技战术能力，在短兵相接的问讯中突破防守，获得定罪量刑的证据。而简单粗暴的突审、野蛮诱骗式的审讯是法律所明文禁止的，而且费尽九牛二虎之力弄来的口供材料，很可能因为涉嫌属于非法证据而遭到排除。

在所有的侦查活动中，问讯是必不可少的重要一环。因为让对方通过语言来描述自己内心的真实想法，描述自己在过去的时间里实施的客观犯罪行为，对于侦破案件有着重大意义。询问或者讯问是审讯者与被审讯者之间的直接交锋，是彼此获取有价值信息的关键方式。

但是在现实的侦查工作中，侦查员往往都把精力集中在如何拿下犯罪嫌疑人的口供上，很少有人注意对方还会有什么微表情或者是肢体语言。其实，不论是什么样的犯罪嫌疑人，不论他是对抗型的还是配合型的，在人与人的交往过程当中，他的身体语言一直都是存在的，并且是一直在诚实地表达着自己的真实意图。

没有注意到这些有价值的线索，没有察觉到那些非言语行为诉说的大实话，白白浪费了这些内涵丰富的信息，怎么能不说是一种遗憾？

因此，作为一个优秀的侦查员，在侦破案件的过程中，应该具备更高的综合素质，这样才能不放过任何蛛丝马迹，见微知著，明察秋毫，于无形中获得有形信息。

CHAYAN
GUANSE

第一章 人类脑的工作模式

第一节　人类脑的成长史

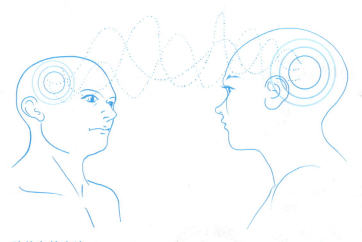

脑信息的交流

说起来挺丢人的，千百年来我们人类对于脑的了解不但知之甚少，甚至于误解颇多。

比如，一直以来我们自以为是地认为：是我们的心整天在思考，是心在想事，是心在忧愁，也是心在盘算，心在谋划。因此，我们经常会说"心猿意马""心旷神怡""心潮起伏""心思缜密""心烦意乱"。但我们不知道的是，原来是狂妄自大的我们错了，这些其实与藏在我们的胸腔里、整天怦怦地跳的心脏没有什么关系。

据考古证实，人类的祖先大概是三百二十万年前首先出现在东非的草原上，她是一名女子。考古学者们管她叫露西。但直到八万五千年前，我们人类才进化出所谓的蜂巢思维模式。这种蜂巢思维的进化，才应该是我们人类彻底告别兽类的简单而又低级的思维模式，开始迈进高级思维，进入探索有组织社会的起点。

但是受自身能力的限制，人类对于脑的认识一直如井底之蛙。直到近百年，得益于现代医学及解剖学的发展，人们才恍然大悟：原来会思考有感受、能产生自我意识的不是整天怦怦地跳的那颗心，而是那一直默默无语的脑。

第二节　脑的构造及功能

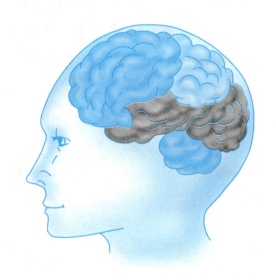

脑的构造

　　1951 年，美国科学家保罗·麦克莱恩首先提出了人有三个脑的研究报告，这无疑让所有的人大吃一惊，原来，我们人类的脑并不只是单独的一个，而是由三个部分组合而成的。

　　人类的脑是所有器官中最复杂的一个，并且是神经系统的中枢。虽然它看起来是一整块的样子，其实人类的脑可以分为三个部分：脑核（小脑）、脑缘系统、大脑皮质（智脑）。

（一）　小脑

脑核（小脑）部分是掌管人类日常基本生活功能的器官，包括呼吸、心跳、觉醒、运动、睡眠、平衡以及早期感觉系统等。

小脑也称作爬虫类脑。它位于人脑的后枕部，主要功能是负责人的视觉与运动。几乎所有的生物都有小脑，大到恐龙、猛虎，小到蚂蚁、蚯蚓。因为生物都具有运用视觉来捕食猎物，或者是发现危险逃离追杀的这一基本生存能力。正因为视觉对于生物来讲事关生死，因此，视觉是生物普遍具备的一种基本功能。

小脑除具备生物为了生存的需要而具有的视觉功能以外，还具备另一项最基本的功能，即运动。运动与平衡也是由小脑来负责的，它使生物能在自我控制的运动中保持平衡。毋庸置疑，对于生物来讲，这项功能也是为了维持生存而必须具备的基本功能。

正因为视觉与运动几乎是所有生物为了存活而必须具有的能力，因此小脑的生长在生物中具有极大的普遍性，即使是最低级的生物也不例外。

（二）　脑缘系统

所谓的脑缘系统是指处在人头顶部的脑组织，一般来讲，由海马回及杏仁核等构成，负责行动、情绪、记忆处理等功能。另外，它还负责体温、血压、血糖以及其他日常活动等。

脑缘系统是人的感知器官，但是它只是客观地反映接受到的信号，并不进行分析、判断，因此，脑缘系统也被称为"不会思考的脑"。

脑缘系统信号的反应有如下四个特征。

第一，即刻性。即刻性是指脑缘系统对外部信号刺激的反应是毫不迟疑的，立刻就做出反应的，绝不会出现拖泥带水的现象，更不会出现延缓或者拖延这些消极怠工的情况。

第二，真实性。正因为脑缘系统不负责思考的工作，所以它也不会说谎。不论什么事情，不论是好还是坏，不论有利还是无益，它都忠心不二地真实反应，从不藏奸耍滑。

第三，不由自主性。因为是一种基本性的功能，所以脑缘系统对外部信号刺激的反应，让我们几乎无法控制。也就是说，脑缘系统的反应信号总是会通过种种形式源源不断地表达出来，而从来不会遗漏半点，而且这种反应不受我们意识的控制。

第四，可被观察性。这一点既是脑缘系统可爱的一面，也是脑缘系统傻乎乎的一面。因为脑缘系统是执行坚决的、从不拖泥带水的，对一切外来刺激信号马上做出反应，所以它才不管对主人来说是荣耀美好的事情，还是丢人现眼的事情，反正就是想方设法地表现出来。这种不分好坏、不管性质的反应是没有进行思考的，这就是可被观察性。

(三) 智脑

智脑，也称作人类的脑，主要是指处在前额部的大脑及脑皮质层。

大脑皮质（智脑）则负责人脑较高级的认知和情绪功能，它分为两个主要大块——左大脑和右大脑，各大块均包含四个部分——额叶脑、顶叶脑、枕叶脑、颞叶脑。

智脑的主要组织形式是脑神经元。婴儿在母亲体内成长期间，脑神经元就开始疯狂地增长，平均每分钟增加250 000个脑神经元，到孩子出生时可达近100亿个脑神经元；重量也由100克增长到1 100克，成长速度相当惊人。在这个生长过程中，适当的听觉、体觉、视觉的刺激，将有助于脑部胶原神经细胞的健康发展，这也就是所谓的0~3岁的学前教育，因为它是人类脑部发展最重要的阶段。在这个阶段，脑部正在做整个脑神经网络的建构工作，这项基础工作非常重要，对于一个人的未来发展意义深远。

大脑位于脑干前方，背侧以大脑纵裂分成左、右大脑半球。大脑半球表面覆盖一层灰质，称大脑皮质，其表面凹凸不平形成脑沟（凹陷）、脑回（凸起）。皮质深层为白质，由各种神经纤维构成，每侧半球内各有一个内腔，即侧脑室、大脑皮质是神经系统调节躯体运动的最高中枢，同时它对内脏活动也有调节作用。

智脑是了不起的大脑，绝对堪称是生命进化的奇迹，它负责思维、逻辑、计算、意识等创造性的工作。可以说人类从学会制造工具开始，到文字、音乐、建筑、生产、科研，等等，所有的现代化文明的诞生，都是由智脑来完成的。没有智脑，人类就是大地上的另一种兽类；而有了智脑，人类就创造出了太阳系中最灿烂的文明。

然而，事物都有两面性，如此伟大的智脑，因为具有思维的能力，所以遇到事情的时候，它就不会像脑缘系统那样"傻乎乎、缺心眼儿"地将真实的一切都直接地暴露出去。在遇到事情的时候，智脑会马上对事情的利害关系进行分析与评判。如果是无关紧要的事情，它就会装聋作哑，不表态度。但是如果是对主人不利的事情，它就会立马出面，阻止脑缘系统这个"傻蛋"说实话。

正因为人类的智脑不但聪明绝顶，而且会根据事情的利害关系来权衡是不是实话实说，因此它也被称作"会说谎的大脑"。

因为人有脑缘系统与智脑两个脑，它们在不约而同地接受到同一信息后，会依据各自的功能做出反应。

脑缘系统会不假思索地直接反应，而智脑会依据利害关系做出回答。这样的话，如果出现对当事人不利的信息刺激，两个脑之间就会出现冲突，虽然说这种冲突是瞬间的，但却会在人的表情或者是肢体上留下蛛丝马迹。这种因同一个信息刺激而引起的两个脑之间的不同反应，并产生出来的蛛丝马迹，就是我们研究行为心理学所要捕捉的线索。

男、女因性别不同，因而在思维模式上有着根本性的区别。

男人在遇到问题的时候，脑的思维模式是脑电波前后纵向运行的。所以男人在遇到问题的时候，更多的是倾向于找出问题，解决问题。

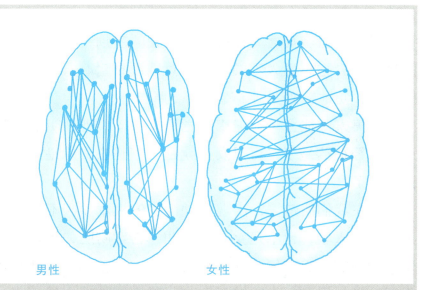

男性　　　　　　　　　　女性

男性的思维模式和女性的思维模式

男女脑的思维运行方式明显不同。

左侧男性的脑部在思维运行的时候，脑电波是前后快速运动的，也就是说，男性在遇到问题的时候，脑的思维是按"问题—思考—问题"的模式运行的。

而右侧女性的脑部在思维运行的时候，脑电波是在左右脑之间快速运动的，也就是说，女性在遇到问题的时候，脑的思维是按"问题—语言—问题"的模式运行的。

　　女人在遇到问题的时候，脑的思维模式是脑电波进行左右横向的快速运行。因为人的脑左侧负责语言，而右侧负责情绪，所以女人在遇到问题的时候，不是思考怎么样解决问题，而是喜欢用大量的语言来宣泄情绪。也就是说，女人遇到问题时，基本上都是喜欢诉说，并且希望有人能够倾听。

　　相反，女人在情绪没有完全宣泄之前，对别人提出的快速、准确的解决问题的方法并不感兴趣。

正因为男、女之间存在这种巨大的差别，生活中许多时候女人会抱怨男人不关心她，对她没有耐心，不在意她的感受，使她感觉受到了冷落而委屈伤心。

而男人却往往一脸无辜地觉得女人不讲理，明明自己说得已经很清楚了，可是女人就是听不进去，总是磨叨，没完没了。

现在我们清楚了，出现这种情况的根本原因不是男人不关爱女人了，也不是女人不听劝告喜欢唠叨，其实造成矛盾的罪魁祸首是男、女之间的思维方式不同。思维方式不同，必然导致行为方式不同，可想而知结局必然不同。要想改变这一点其实一点也不难，秘诀就是男、女双方都需要了解异性之间的思维差异，遇到问题时都能多为对方着想，所有的不理解与矛盾就都可以迎刃而解了。

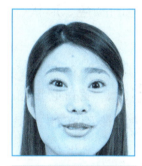

CHAYAN
GUANSE

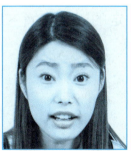

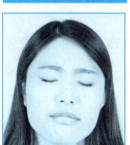

第一节　眉毛告诉你的真相

平日里不怎么引人注意的眉毛，其实蕴含着许许多多的信息。有人专门对眉毛进行研究，从眉毛的颜色、形状、位置等特征入手，竟有几十种意义之说法。

但是从研究犯罪侦查工作的技战术角度来说，心理学中关于眉毛的许多内容与侦查工作关联不大，没有必要加以关注，然而有三种眉毛出现的微反应是应该引起侦查员注意的。

现实生活中，在一定的语言环境下眉毛的挑动往往有着特殊的含义。

共情

有的人在与他人进行交谈的时候，喜欢随着语言的表达一动一动地挑动眉毛。这样的人不但善于交际，而且说服别人的能力比较强。他们在与人的交往中，因为眉毛的各种挑动充分地配合了语言，所以他们的语言感染力更强，

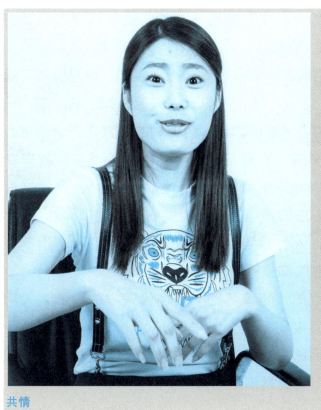

有的人在说话的时候喜欢眉飞色舞，这是一种共情的能力。

一般来说，这样的人具有表现力丰富，感染力强的特点。

共情

也更容易吸引他人的注意力。

可见，一个说起话来眉飞色舞的人，当然要比板着脸说话的人更能打动他人。

因此，我们把说话的时候喜欢挑眉毛的微表情叫作共情。

眉毛处在紧邻人智脑的位置，与人的智慧距离最近，因此眉毛通心意。也就是说，眉毛不但能准确地表现出人的正面情绪与负面情绪，而且与我们的智脑心意相通。

比如，我们经常会说愁眉不展，是啊！当一个人心中忧愁烦闷的时候，他的眉毛就会紧紧地锁在一起，好像是要锁住他的出路似的。而当心结打开的时候，那原来紧锁的眉毛自然而然地就舒展开了。宋朝的女词人李清照的词句"才下眉头却上心头"就极其准确、生动地描绘出了眉毛与心意相通的情景。

还有人们常说的"眉头一皱计上心来"，也是说眉毛通心，当然这个心就是指人的智脑。古人因为知识的囿限，一直以为只有人的心才是能思考、会谋划的器官，所以会有心有所思、心潮澎湃、心意相通、心中想念等词汇。就连专门研究人类脑思维的学科，也被误称为心理学，其实这根本就不是什么心理的学问，而是有关脑思维的学问。

细想起来，人类对自身的真正认识不但很晚，也不见得比我们每天都能仰望的星空知道得多多少。

还是近几百年，随着解剖学及现代医学的发展，人们才恍然大悟，原来有思维会思考的不是我们的心，而是我们的脑。而眉毛因为离脑非常近，因此它的形状与动作和人的情绪息息相关也就不足为奇了。

共情容易打动人，因此，我们在与喜欢共情的犯罪嫌疑人接触的时候，就要注意不要被他的这一技巧所迷惑。

另外，在审讯时供述自己犯下的罪行，这对所有的人来说都不是什么美好体验，因此，即使是在说话的时候喜欢共情的人，在说到自己以往的犯罪事实时，内心持有的也是负面情绪，所以要特别留意那些供述罪行时眉飞色舞的犯罪嫌疑人，因为这种时候他们很可能说的是假话。

 欲盖弥彰的明知故问

在另一种特定的情况下，有一种挑眉毛的动作，对于

明知故问

对方在语言中有疑问句出现的时候挑眉毛，我们倾向于把它看作是明知故问。明明对方心里是清楚知道答案的，但是嘴上却在否认，这种时候她的眉毛微微挑起来，说明她在有意掩盖真相。

我们识破一个人的谎言很有意义。那就是当被观察者表述的语言为疑问句的时候，他或她的眉毛不自觉地挑了起来，我们就可以基本断定：这家伙说谎了。比如："这件事情我怎么不知道呢？"微表情的流露者嘴上说的是他不知道某件事情，但是他在用疑问句表述的时候，那微微挑起来的眉毛告诉我们，其实他心里是知道这件事情的，只不过是在故意掩盖真相。

　　电视剧《潜伏》中有一个剧情片段很有意思，"国民党军统特务余则成"一个人偷偷地完成了刺杀汪精卫伪政权76号情报机关的铁杆汉奸李海峰的行动后，又悄悄地溜回了情报机关，装出一副若无其事的样子在那里忙公务。

　　当76号特务机关知道李海峰被刺杀后，来到李海峰的办公室收集证据时，一个特务头子向余则成说了李海峰被暗杀的消息后，余则成一边装作吃惊的样子问道："啊！这是真的？"一边挑起了眉毛。

　　看看，即使是老谋深算颇会掩藏的余则成，在内心明知而表面却要装作不知的时候，因为疑问句的出现，也会情不自禁地暴露出他的真实内心，也就是说，是眉毛出卖了他。不过好在那个阴险毒辣的特务不懂得读心术，否则就是这一个小小的微表情，就会要了余则成的命。

　　同样的道理，我们在审讯犯罪嫌疑人的时候，如果他在说疑问句的时候，同时出现挑眉毛的微表情，不论他的态度多么真诚，也不论他的语气怎样恳切，作为侦查员的你要注意了，因为这家伙是在跟你演戏呢。

　　此时的他是故意在掩藏自己的真实心意，而这部分被他掩藏的内容，是他不想让你知道的重要部分。

三 需要引起注意的强势心理

第三种要引起我们重视的挑眉毛微表情，当然也与语言环境有密切的关联。也就是说，当被观察者在诉说一件负面心理的事情时，毋庸置疑这种负面心理都是因为当前所要面对的事情对当事人来讲是不利的，是会给她带来灾难的麻烦事件，她的眉毛却轻轻地挑了起来，这说明她的内心深处其实并不认可嘴上说的内容。

记住这一点，对侦查工作是有意义的。

当你面对的犯罪嫌疑人在认真地诉说一件对她来讲非常不利的事情时，她的眉毛却不经意地挑了起来，作为侦查员的你可不能麻痹大意了，因为

弱心强眉

要 注意人在处于极端负面心理的时候，如果挑眉毛，说明她的内心并不认可主流的观点。

这 种时候她的语言内容与她的真实心理其实是南辕北辙的。

这个小小的动作其实是在告诉你，她心里并不认可当前她嘴上说的事情，也就是说这家伙现在是心口不一的。

　　袁某是一个国有公司的经理。她所在的单位不但经营效益特别好，而且有大量的闲散资金在账外私存，可以供她们随意使用。

　　时间一久，袁某的贪念泛滥，她谋划出了一个以发放奖金的名义私分公款的办法。

　　袁某平日里在单位就是一个飞扬跋扈的人物，单位的大小事情几乎都是她一人说了算。袁某还利用手中的权力及金钱的诱惑，与多名男员工长期保持不正当的两性关系。但是这次为了掩盖自己私分公款的目的，她谋划以领导班子集体开会研究的形式来讨论这件事情。

　　会议上袁某拿出自己制定好的奖金分配方案让大家讨论。在这个方案中，袁某想方设法地巧立名目为自己多发奖金，竟然异想天开地编造出二十几个发放奖金的名目，仅她自己得到的奖金就达几十万元之多，而其他领导班子成员的奖金全部加在一起才能达到她所得到的数额。

　　案发前，袁某的事情就已经在社会上传得沸沸扬扬。为此，一段时间以来，袁某一直灰溜溜地躲避着外界，这对于以前风光无限的她来说是从来没有过的事情。她一方面面临着社会上风言风语的议论，另一方面还要面对家人的怨恨与指责。因此，袁某的情绪非常低落，心理压力极大。

　　案件审讯的时候，面对证据显示的自己与多名下属滥情及私分巨额公款的事实，一贯骄横跋扈的袁某既羞愧又害怕。

当侦查员盘问她是如何谋划私分公款一事的时候，袁某出于自我保护的原始心理，推说是领导班子的其他人一致提出要以奖励的名义发放奖金，而自己最开始是不同意这样做的。

在说出这句假话的时候，袁某的眉毛轻轻地挑了一下。

可千万不能小看了袁某这轻轻一挑眉毛的动作，这种时候的这个表情是在告诉我们，她嘴上说的话语内容其实与她心里的真实想法完全相反。如果她嘴上说的是不愿意，那么其实她的心里是愿意的；而如果她嘴上说的是不知道，那么其实她的心里是明明白白知道的。

识破这一隐秘心意的密匙是这样的：

一、当事人在述说一件至关重要的事情时，无意中挑起了眉尾。如果这个时候她说的是一件负面的事情，她的眉毛、嘴角、鼻翼等面部器官应该是低垂向下的。而这时如果出现相反的向上的挑眉毛的表情，那说明她的心里对这件事情其实持有的是强烈的正面认知态度。因此，我们可以断定她说的事情不真实。

二、这把密匙的另一个线索很隐蔽，但是很关键，那就是当事人在述说一件事情的时候，涉及的是选择性疑问语句的时候。比如说"是还是不是""知道还是不知道""愿意还是不愿意"的时候，出现了挑眉毛的动作，我们基本上就能确定这个家伙在说谎呢。

所以，当选择性疑问的语句加上挑起来的眉毛一起出现时，我们就能断定眼前的人在刻意隐瞒真相，她的心里所持有的态度完全是另外一种情况。

在破解了隐藏在袁某身上的第一个线索后，我们再来破解在她的身上隐藏的第二个线索，那就是她穿了一件让人有点意外的高领子的衣服。

在四月末五月初的季节，穿这件衣服显然让人感觉有些诧异，但如果我们站在袁某的角度进行考虑，其隐藏在奇怪着装背后的真实心理就一目了然了。

大家知道，人的颈部是最容易受到攻击的部位，也是最容易致命的地方。颈部的气管、大动脉、中枢神经中任何一处如果受到攻击都可能致命。动物在捕食的时候，也是最先攻击猎物的颈部。因此，保护颈部不受伤害，是人类脑缘系统的重要职责之一，是一种自我保护的天然选择。

袁某因为涉嫌集体贪污公款及性丑闻，不得不面对社会上旷日持久的非议，又面临着被侦查机关依法问讯的处境，对于心高气傲的她来讲，这无疑是一个屈辱并且受伤害的过程。一方面是内心的极度不情愿，另一方面是不得不接受公开的羞辱与可能到来的逆境，所以她在选择着装的时候，在潜意识的支配下就选择了高领子的衣服。

这件衣服的领子严严实实地遮挡住了她的颈部，这件包裹她颈部的高领子衣服，其实是在诉说着袁某渴望被保护，害怕被伤害的潜意识心理。

在侦查工作中，如果我们细心观察，也经常会发现有类似的现象出现，那就是当我们审讯的力度加大的时候，有的犯罪嫌疑人会不自觉地用手去摸衣服的领子。这是一个十分隐蔽的肢体语言，很容易被忽略，但其实这是一个比较有价值的信息。

在持续的审讯中，当犯罪嫌疑人感觉压力过大，心理难以承受的时候，负责人的身体安危感受的脑缘系统就会启动，会想方设法来保护人身体的安全，使人的身体尽量不受到危险的伤害。

这个不经意摸衣领的小动作，其真正的含义是当人感觉到极度危险来临的时候，力求进行自我保护的表现。

明白了这个小动作的真实含义，侦查员需要做的就是紧紧抓住当前的审讯话题，进一步对犯罪嫌疑人进行施压，从而摧毁犯罪嫌疑人的心理防线。

（四）此处无声眉轻挑

眉毛具有生动传神的功能，这种传神的功能不但迅速、准确、指向性强，而且内容深邃、意义深远。有的时候我们的心思才刚刚产生，眉毛就已经捷足先登，把我们的心思表露了出来；有的时候我们的一份情绪才刚刚酝酿出雏形，但是眉毛却在第一时间泄露出了我们幽藏在心底的秘密。

这一点在我们与他人进行交谈，或者是在向他人述说一件事情的时候就经常会出现。故事的情景往往是这样的：有一天你与一个人在认真地说着一件事情，当说到一个比较重要的环节或者是提到了一个人的名字时，你会无意间发现对方似乎在微微抬头看你的同时，轻轻地挑了一下眉毛。

朋友，你该注意了！对方此时于无声无息中挑起的眉

伴有侧脸和不友好目光的挑眉

有的时候对方会突然向你挑起眉毛来，这时往往还伴有侧脸和不友好的目光。怕是你的语言或者举动触动了对方的底线，引起了她心里的强烈不满。那微微挑起来的眉毛，是对你的一种强烈警告信号。

毛是一个你绝对不能掉以轻心的信号，要知道小小的眉毛具有直通心意的秘密使命。因此，当你无意中述说的内容触动了对方心底的隐秘的时候，他的自身警戒系统就被瞬间触发了。

不用说，这种触发对方极力隐藏在心底的秘密事件，是不应该由你来进行的，此时你无意中踏入了这块禁地，就已经引起了他的警觉，他对你开始心生戒备了，心若动了则眉毛必然先动。

当然，这种无声眉轻挑的微表情有的时候还隐含着另外一层深意，但是对你来说也不是什么好的消息，那就是说此时的你或者是你说的内容，引起了他的不满与不快。你应该马上转移自己的话题，不要再试图做出探索隐秘的企图。而且在今后的交往接触中，你都要时刻注意不要再涉及类似的内容与话题，因为这对你来说不是件有积极意义的好事情。

第二节 现实版的匹诺曹

匹诺曹

匹诺曹是一个可爱的小木偶。每当他说谎的时候，他的鼻子就会变长。

长久以来，研究心理学的学者们认为：有些人在说谎的时候会情不自禁地用手触摸鼻子。也就是说，人在说话的时候，如果用手触摸鼻子，这是一种典型的说谎的标志。但是为什么人在说谎的时候往往会触摸鼻子呢？其原理并不清楚，反正心理学界都这样认为。因此，说谎的时候用手触摸鼻子，也被称作"匹诺曹现象"。

2014年，西班牙格拉纳达大学的心理学研究团队，用仪器对几百个志愿者进行跟踪测试，发现人在说谎的时候会有更多的血液流进鼻子的海绵体里，那一刻人的鼻子会因为忽然涌进的血液而升高温度。虽然这一过程我们用肉眼无法发现，但鼻子在瞬间增加的血液，会让人产生轻微的痒痒感，因此，人就会情不自禁地用手去触摸鼻子。

科学家的这一发现，印证了匹诺曹的故事，虽然匹诺曹在说谎的时候它的鼻子会变大、变长是童话故事，但它的原理并没有什么大错。既然说谎后人的鼻子会流进更多的血液，鼻子因此会发热，那么鼻子变大、变长也就是情理之中的事情了，只不过现实生活中不会像童话故事那么夸张。

人在说话的时候，用手触摸鼻子这一动作，是一种指引式的线索，它提示我们要注意了：对方可能是在刻意掩盖真相，在说谎言。

这一现象的揭示确

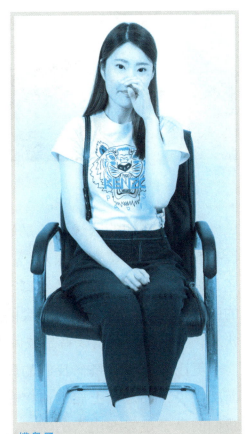

摸鼻子

摸鼻子总是与不真实的表达相伴出现，鼻子总是出卖自己的主人。

实让我们人类感到有点尴尬。要知道，我们人类大概是所

摸鼻子

有生物之中最擅长说谎的生物，不信的话，你可以想想：你的一生之中有过多少说谎的时候？或者说你有过多少不真实的表述？

我们不否认，在所有的谎言中，有的谎言是恶意的，而有的谎言是善意的。但是就谎言来说，不论是善意的还是恶意的，其内容的欺骗性都是大同小异的，这一点不容置疑。

问题是我们的脑缘系统是原始的，更是纯真的，它可没有智脑那些"弯弯心眼儿"。因此，不论是善意的谎言还是恶意的谎言，只要是不真实的表述，人类那忠于职守的脑缘系统警卫部队就立刻会因为紧张与不安而进入警戒状态，就会用微表情或者是肢体语言发出提示信息。

更让人羞愧的是，我们的鼻子就明晃晃地摆在我们的面部中央，那是承上启下连接左右的关键之处。也有人说我们的鼻子是灵魂出入的端口，那么，它是自由自在的畅通，还是堵塞发痒的不适？显然不是一件小事情。

但是就因为谎言的出现，而引起鼻子的不适，并在那么显眼的地方展示给别人观看，这确实是一件挺丢人的事情。通过这个事例，我们可以窥见脑缘系统的无原则忠诚，以及它为维护人类善良本性所做出来的不懈努力。

第三节　任何语言都难以准确描述的眼神

　　眼睛是人面部最重要的器官，主要是通过观察来收集各种信息，另外也负责传神。

　　说起眼睛的传神，对于这一点，所有的人都应该深有体会，想一想是不是有这种时刻：你于众多人中一下子就与某个人的眼神碰撞上了，虽然那只是电光火石般的一刹那，但是你们之间都会强烈地感受到点什么。大概这种时候感受到的信息只有内心若有若无地清楚，但是嘴上却不知该怎么表达的朦胧意味。这就犹如歌词中表达的那样："只因为在人群中多看了你一眼，从此我开始孤单思念。"

　　这就是眼神，你能轻易地捕捉到，但是对这一瞬间的捕捉你却无法在一瞬间完成解读，你更无法在瞬间做出实质性的举动。

　　是不是还有这样的时刻：你在人群中跟一个与你非常亲密的人目光相遇。虽然那只是稍纵即逝的目光交织，但是，你在那瞬间就完全明白了对方心中蕴藏着的千言万语，他也同样在那瞬间就读懂了你想倾诉给他的万语千言。

这是不是就是传神呢？眼睛若只是作为一种器官，怕是传达不了那么大的信息量，也无法演绎那些海量信息中蕴含着的丰富情感。

这些由眼睛所承载并传送的信息，或丰富，或深邃，或晦暗，或悠远，或蚀骨，或隽永。你可以完全而清晰地感觉到这些信息，并且直抵你的心底，甚至是触碰你的心灵，但是遗憾的是没有几个人能用语言或者是文字，准确地描绘出那眼神中所蕴藏着的丰富内涵。

揉眼睛

眼睛不太善于伪装自己。心里喜欢的与心里厌烦的，被眼睛看到的时候，都会在第一时间内表现出来。

揉眼睛就是不喜欢与厌恶，这是一个很隐蔽的动作。

一　眼睛的不情愿

人的眼睛在很多时候也传达着人的真实心意，就是说有的时候通过观察人的眼睛，就能判断出人的喜怒哀乐。

比如揉眼睛这个动作，就是不情愿的意思。

据说，即使是盲人，如

果让他面对自己不喜欢的事物时,他也会不自觉地用手揉眼睛。当然，这是一个下意识的动作，因为读心术研究的对象，就是人们在无意之中流露出来的微反应。

可见，看起来是无意中一个揉眼睛的动作，其实它所反映的是被观察者面对特定的人或事物时，内心所隐藏的极其不情愿的情绪。

（二）是谁在说谎

在现实生活中，有一种现象常常令大家困惑，那就是当有人在与你说话的时候，一种情况是那人的眼睛紧紧地盯着你的眼睛与你说话,另一种情况是那个与你说话的人，眼睛左右游离不定。那么哪一种情况说明对方是在说谎呢？我们该如何判断谁是说谎者呢？

调查中，大多数的人都倾向于认为在说话的时候，眼睛总是左右游离的人是在说谎,理由是说谎的人因为心虚，不敢直视对方，所以眼睛总在左右游离。

但事实的真相可能会出乎你的预料，真正说谎的人恰恰是那个用眼睛紧紧盯着你的人。知道吗？谎言往往是为你而量身定做的。说谎者在编造谎言的时候，会紧紧地盯着你，时刻观察你的表情，并根据你对谎言相信的程度来调整自己谎言的内容。

因此，当你面对一个事关重大的事情时，要小心提防那些紧紧盯着你说话的人，而那些在说话的时候，眼睛左右游离的人，很可能是因为他们不自信或者是需要回忆某些内容，他们眼睛的游离与是否说谎并没有关系。

交 流的时候，他的双眼紧紧地盯着你说话。　　说 话的时候，他的两只眼睛在左右游离。

　　在教学中曾经遇到过这样一件事情，一个年纪比较大的侦查员，在面对这个问题的时候，不屑一顾地说："我在审讯的时候，从来不会遇到类似的事情，因为犯罪嫌疑人在我面前没有一个敢抬起头来看我。所以，他的眼睛表现出的是不是说谎的状况又有什么关系呢！"

　　我们先不说这个老侦查员的审讯风格或者是工作规范怎么样，就审讯工作来说，审讯是在尊重人权的基础上的心理交锋，审讯者与被审讯者的角色虽然有天地之差，但双方的人格尊严是平等的。如果说一个犯罪嫌疑人连抬头看侦查员一眼的勇气都没有，那他绝不是因为崇拜和敬仰而不敢看你。

　　审讯不是斗气，审讯是一个获取信息的过程，是一个对犯罪嫌疑人的降服过程。不去全方位地观察、收集对我们有利的信息，只把关注点放在获取犯罪嫌疑人的语言信息上，会错失许多对我们有利的时机，也不能说是一个优秀的、智慧型的侦查员。

(三) 眉毛搭台眼睛唱戏

如果说眼睛是心灵的窗口，那么眉毛就是心灵的窗帘。有的时候打开窗帘看窗口，可能会看得更加清晰、明了。

对眼睛的解读当然不能只看眼睛，还要与其他线索结合起来一并解读，这样才能更准确，更深入。

看看右图中这个人的眼神，谁都知道这是一种探寻的目光。如果你面对一个人探寻的目光时，要额外注意一下他的眉毛。

探寻的目光，打开的眉头

当有人在你述说的时候，用探寻的目光盯着你看时，你要留意他的眉头是不是轻松地打开的，因为这对你来说很重要。

探寻、锁眉

他的眉头是打开的，则往往预示着对方已经知道了真相与答案。他在期待着你能主动说清楚事情的原委，而不是继续隐瞒下去。

再看看左图中这个人的眼神，同样是一种探寻的目光，但目光中多了一份疑虑，要注意那微微锁紧的眉毛。探寻的目光加上锁眉毛，这样的微表情背后是他内心里引起了警觉与戒备，在这里紧锁的眉毛是解读的关键。

这是所谓的眯眼（见下图）。解读这个表情的时候，

眯眼打量

A 眯起来的眼睛里充满了阴鸷与敌意。

B 紧拧的眉头中蕴含着不尽的权谋与对策。

C 紧闭的双嘴唇是在用力憋住满腔的不满话语。

D 微侧的脸庞是在遇到敌对者时，人体的自然反应。

不 用说，当你遇到这样打量你的人时，你就要万分地小心了。

要注意这样几个线索：

第一，眯起来的眼睛中充满了打量的味道。

第二，皱起来的眉头里流露着疑虑与怀疑。

第三，微微侧着的头，是面对不信任的人或者事物时，人的身体做出来的防御与戒备反应。

第四，紧闭的双唇，是他满腔的话语，只能紧紧地憋在心里面，却不能说出来让你知道。

眯眼假笑

这样的笑容背后明晃晃地暴露着虚伪与不信任。

上图中这个人的微笑，不论怎样看，都很难让人心里生出亲切之感。面对这样"迷人"的微笑，谁都能感觉到躲藏在其背后的极度不信任。

在这里，眯起来的眼睛是对内心不喜欢的一种变相的阻拦，是在明确地宣告拒止。

脸上的笑容就是传说中的皮笑肉不笑，它的最大特点就是笑的时候脸上没有褶产生，给人以特别假的感觉。

还有那微微倾斜的嘴角，你是无论如何都不能忽略的，因为那是经典的嘲讽之意。

（四） 要特别注意眯眼看你的人

美国联邦调查局心理学家乔·纳瓦罗曾说过：要小心眯眼睛看你的人。

人的眼睛会自动根据心里的喜好来调整瞳孔的焦距，如果看见了自己心里喜欢的人或者事物，瞳孔就会放大，希望更多的影像进入到我们的眼睛中来。所以如果你看到某一个人因为你的到来而睁大了眼睛面露喜色，那么这个人从内心来说是喜欢你的，你尽可以放心地与他交往。相反，如果是不喜欢的人或者事物出现在你的眼前，你的眼睛就会因为厌恶而缩小瞳孔，从生理上来说，就是让不喜欢的影像尽量少地进入眼睛。

看看，是睁大了眼睛来看你，还是眯起了眼睛来看你，这分毫之差其实是内心里深藏不露的情感在悄悄地泄露。

现实中，你千万要留意那些在你出现的时候，眯起眼睛打量你的人。

喜欢眯眼看人的人精于分析、善于评判、喜欢谋划、勤于计算。这种人心思缜密，遇事不乱，往往是难以轻易战胜的对手。所以，遇到喜欢眯眼看你的对手时，一定要小心谨慎，要谋定而动，千万不可以仓促上阵，更不可以不备而战。

五 他为什么要闭上眼睛

乍听起来这似乎不该是一个话题，因为谁的眼睛都不能整天大大地睁着，谁都有闭上眼睛的时候。问题是如果是在特定的情况下，闭上眼睛的动作与心理情绪相关联，那么闭上的眼睛就值得我们来一探究竟了。

人在很多情况下都会闭上眼睛，比如幸福、陶醉、聆听、冥想、回味、害怕，等等。但我们要说的是另一种在侦查工作中有时会遇到的情形，这种情形显然与上面提到的闭眼睛的表情不同，因此才更值得我们留意。

人在处于极度负面情绪的时候，会出现闭上眼睛的情形，这种特殊的面部表情一般有下列一些特点。

第一，紧紧闭上双眼，这是最根本的特征。此时闭上双眼是不想面对眼前的现实，闭眼是一种自我的阻断，让自己的心尽可能

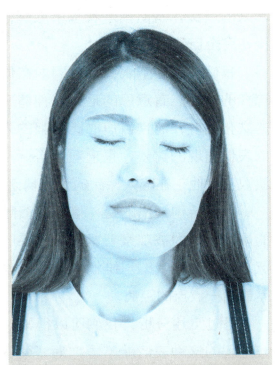

当强大的现实让柔弱的心理无法面对时，我们往往会无奈地闭上双眼，暂时关上我们与现实之间的大门，尽可能地屏蔽来自于现实中的真实威胁。

地暂时远离危险。

第二，紧闭的双唇，这是这一表情的另一个重点特征。此时紧闭的双唇说明被观察者的内心正在体验着极其剧烈的心理感受。虽然体验者本人此刻对面临的事件的性质异常清楚，但深深的无奈还是让他不得不面对这种油烹一样的剧烈感受。

紧闭的双唇是无法且不能说出此时心中的极度感受，只能咬紧牙关自己承受。

第三，伴随着这一表情出现的另外一个特征就是微微皱起来的双眉。大家知道眉毛通人的心意，这时候微微皱起来的眉头，不但预示着愁事难解，也说明被观察者正沉浸在完全自我的思绪当中。

我们关注这个表情，是因为在侦查活动中往往会遇到这样的情形。有意思的是，这种情况一般出现在具有一定的文化程度，而且自信心比较强的人物身上。当这种特殊的表情出现的时候，也直观地告诉我们对方的自信心已经溃败了，他正在陷入深深的负面情绪当中。

须要特别指出的是：信心的溃败并不等同于心理防线的崩溃，因为被观察者紧紧皱起来的眉头告诉我们，他正沉浸在完全自我的思维框架当中，与让他完全缴械投降还差最后一点点的距离。

通过上述分析，我们可以得知，在特殊情况下被观察人出现的这种表情就不能称为"微表情"了。因为微表情是稍纵即逝的表情，有学者认为真正的微表情的停留时间不会超过二十五分之一秒，也就是说，微表情在人脸上停留的时间极其短暂。而一般来说，在人的脸上停留半分钟以上的表情，都是强烈内心情绪作用的结果。

微表情是人在无意之中流露出来的代表心绪的线索，表情是人强烈表达情绪的结果，比如惊喜、愤怒、绝望。

微表情与表情之间是有区别的，它们不只是时间长短方面的区别，还有微表情的出现是无意识的，所以它的出现不是为了让别人看到。而表情是人在有意表露自己的情绪给他人看，从而表达自己的心情，两者不是一回事。

（六） 眼神有时男女有别

在令人眼花缭乱的众多特点与区别中，有时男女之间在说谎或者是在做不真实表述的时候，也会因性别的不同而有所不同。

一般来说，男人在说谎话的时候，他的眼睛会在谎言出现的瞬间向自己的左下角看一眼。

他自己当然不知道，但是站在旁观者的角度来观察的话，这个表情还是非常明显的。

而女人则与男人相反，女人在做不真实的表述的时候，一般习惯于在谎言出口的一瞬间

眼睛向左下角看——说谎

眼睛向右下角看一眼。

　　这是一个比较普遍的现象，如果你注意观察，这种说谎的时候"男左女右"的情况比比皆是，会经常出现在你的生活中。

　　有人会问：为什么会有这种"男左女右"的说法呢？对于这一问题，据我所知，目前还没有找到太科学的依据。传说中华民族的始祖盘古氏化仙之后，他的身体器官化为日月星辰、四极五岳、江河湖泊及万物生灵。《五运历年纪》认为：中华民族的日月二神是由盘古氏的双眼变化而来，日神伏羲是盘古氏的左眼所化，月神女娲是盘古氏的右眼所化。日月二神均是传说中的上古之神。民间流传的"男左女右"的习俗，就是由此而来。

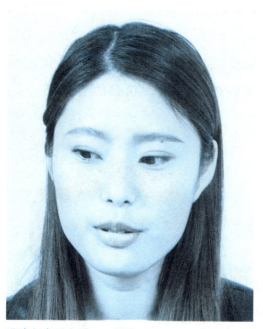

眼睛向右下角看——说谎

　　古人认为：男子性情威猛刚强属于阳于左，女子性情温柔和顺属于阴于右。"男左女右"在中医应用上也有实际的科学意义，"男左女右"在医学上是表示男女生理上的差异。

中医诊脉时，男子取气分脉于左手，女子取血分脉于右手，即使小儿患病观察手纹也取"男左女右"的习惯。这也许就是"男左女右"的由来吧。

侦查工作中，关于"男左女右"的事例我观察得还不多，希望有人能在这方面做更深入的研究。

（七）　你可以看见我灵魂的样子

人有灵魂吗？如果有，那么一定居住在我们的眼睛最深、最幽暗处。

一个人在身体状态良好、充满好情绪的时候，他的眼睛是闪闪发亮的，人们常常形容为炯炯有神。而当一个人的健康状态不佳、内心中充满负面情绪的时候，他的眼睛往往是黯淡无光的。

看，眼神在这里很关键。你的眼睛是否有神，直接体现了你的身体健康状态与所处的情绪状态。这里所说的眼神，显然不是眼睛本身所固有的东西。我们的眼睛可以表达一些更丰富、更深邃、更有内涵的东西。这是人体其他器官都无法做到的，也远远超出了人体器官的原本功能。

灵魂是看不见摸不到又说不清，却又无比浩瀚深邃的东西，深居在眼睛最幽暗处。当你紧紧盯住一双眼睛长久凝视的时候，就仿佛能看到它。

作为一名优秀的侦查员，在展开问讯活动之前一定会注意观察犯罪嫌疑人的双眼。如果你看到的是一双炯炯有神的眼睛，那么接下来的审讯活动就很难取得效果。因为一个精力旺盛的人，他的思维一定是清晰的，心态也一定是比较从容的。这种时候进行问讯，能有什么样的结果可想而知。如果你面前的犯罪嫌疑人，他的双眼黯淡无光，一副无精打采的样子，那么马上进入审讯模式，取得进展的可能性就会大一些。

观察一个人的眼神可以直接判断出他的精力如何。对于一个精力旺盛的人，你在审讯他的时候，显然会遇到更多的抵抗与麻烦。

没有人会不经过抵抗就直接缴械投降，要想突破一个人的心理防线，让他放弃抵抗、交代自己的罪行，其基础条件就是如何让他的精力耗尽，让他的心理溃败。

第四节　说不清道不明的嘴

嘴是人类的另外一个重要器官。除了需要用嘴吃饭维持生命的存续，用语言来进行交流、沟通是人们的主要生活模式。

语言在人与人的交流中扮演了重要的角色。在侦查工作中，通过语言交流来获取有价值的信息，几乎是必经渠道。然而，就像世界是多维度的一样，我们如果在对语言信息进行收集的同时，加强对与嘴部相关的微表情进行观察，就可以额外获得许多不为人知的秘密。

（一）消失的嘴唇因细节不同而意义大不同

从行为心理学的角度来看，人们的嘴巴显然不只是进食、说话那么简单。仅仅是对嘴部双唇的突出与消失这些简单的微表情进行分析，就可以获得更多的信息。

因为，现实中并不是所有的话语都能说出口，也不是所有的金玉良言都能坦然以对。有些时候，即使你心中有无数的肺腑之言，却只能沉默以对。还有些时候，你只能咬紧牙关，将自己的心情、心思憋在心里。但是你的这些强烈的内在感受，却有可能在不知不觉中以其他方式流露出来。

上嘴唇消失

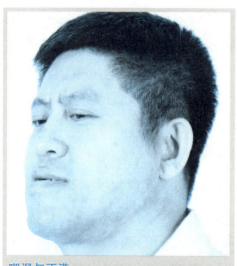

嘲讽与不满

人们喜欢用夸张的撇嘴来表达嘲讽，有意思的是大猩猩也无师自通地学会了这一套路。

1. 上嘴唇消失，下嘴唇突出

这是经常会看到的一个面部表情。在人的两片嘴唇中，下嘴唇代表充足的信心。因此，当一个人出现上嘴唇消失而下嘴唇突出的表现的时候，这是一种自信心满满的标志。流露出这种表情的人在日常生活中非富即贵，往往都是正处于人生春风得意时期。

但有一个例外必须提一下，如果同样是上嘴唇消失（并非完全消失，是相对而言的）而下嘴唇突出，再配上高高抬起来的下巴，那就表示强烈的嘲讽与不满。

嘲讽与不满是人类

一种强烈的强势心理的外在展示。这种因强势而展现出来的心理，目的就是要展现给他人看，要让他人明确地感受到。所以这种表情与微表情相比会在人的脸上停留更长的时间。

表现志得意满这一意思的下嘴唇高高突出来时，人的心气也是最旺盛的时候。

2. 下嘴唇消失

因为人类的下嘴唇代表着信心，所以当下嘴唇消失的时候，显然就是缺乏自信心的表现。

下嘴唇消失一般都是用牙齿咬住下唇，同时面色比较凝重。人在面对困难、艰险、逆境、决断的时候，都容易出现这种经典的表情动作。

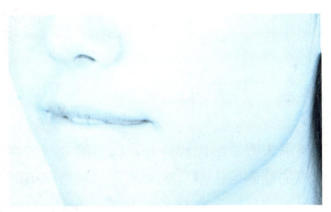

下嘴唇消失

如果犯罪嫌疑人的下嘴唇出现消失的情况，那说明他的自信心已经到了丧失的边缘，正在极力给自己鼓劲的他，已经很难应付眼前的困局了。

下嘴唇的消失除了暗示自信心不足这个主要因素，还暗示有话语不能说出口，专心致力于一件事，在需要艰难决断时到了最后下决心的关头等因素。

但是这些线索的背后，基本上都与信心不足、在最后权衡利弊这些因素有关。

3. 双嘴唇消失

这一表情在日常生活中屡见不鲜。但凡出现这种表情动作，那一定说明表情流露者或者是聚精会神，或者是心中强烈不满，或者是紧张不安，或者是在极力压抑情绪。

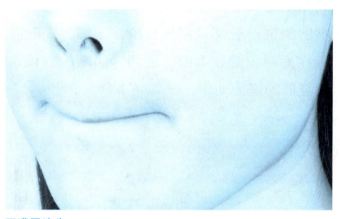

双嘴唇消失

双嘴唇消失的情形比较普遍，代表的心理内容也比较多，要想更加准确地把握，就离不开被观察者当时所处的事件环境及语言环境。这方面的内容杂而多，只能具体问题具体分析。总的来讲，当出现双嘴唇消失这一现象的时候，往往都与信心不足、压抑情绪、自己鼓劲、紧张不安、不想说话有关。

憋住心里的话不说，或者是强力压制心里的情绪，是这个表情的主要含义。

在侦查员讯问犯罪嫌疑人的时候，大多数犯罪嫌疑人都会出现双嘴唇消失的微表情，显然这与犯罪嫌疑人的心理感受密切相关。细致观察会发现这一典型的微表情有如下一些值得注意的特点。

第一，这一微表情有的时候会在审讯的各个阶段出现，也就是说，从犯罪嫌疑人被传讯到案开始，到初始审讯及审讯的中间阶段，再到审讯快结束的时候，犯罪嫌疑人都会出现这一表情。这说明身处侦查机关办案区的犯罪嫌疑人，因客观环境的原因使他的内在情绪始终处于动荡状态，而他很难控制自己的情绪反应。

第二，身在办案区的犯罪嫌疑人会因为侦查员问讯内容的不同而与之相呼应地出现这一微表情。比如，在一起贪污案件的审讯中，我们从同步录音录像中可以清楚地看到，每当侦查员问到与犯罪有关的事实情节的时候，犯罪嫌疑人的双嘴唇立即出现了明显的瞬间消失，而当侦查员与犯罪嫌疑人说起与犯罪事实没有关联的话题时，犯罪嫌疑人不但立即如释重负地放松全身的肌肉（比如伸展四肢、活动颈部紧张的肌肉、舒展躯体、轻轻长出一口气等），而且原本紧紧抿着的双嘴唇也不由自主地重新出现开启。

这种随着审讯的内容变化而明显变化的微表情背后，其实是在向我们透露一个秘密：眼前的犯罪嫌疑人，不论他外在的表情是怎样的若无其事，但是他随着审讯内容不同而变化的微表情告诉我们，他是一个内心并不强大，思路及情绪很容易被侦查员左右的人。

一个优秀的侦查员一定要明晰这一点，坚持自己的审讯方案及风格，并根据犯罪嫌疑人的微表情变化情况来掌握审讯进展，这样就可以完全地掌控这场审讯的主动权。

第三，非常明显的是，当犯罪嫌疑人交代完自己的犯罪事实之后，双嘴唇消失的微表情就不会再出现了。长期从事审讯工作的侦查员都知道，当一个涉嫌犯罪的人如实地交代完自己的罪行后，他会立即进入完全放松的状态，就像一个心情愉悦的人那般轻松自在。

　　可见，一个或者许多个负面的事件放在心中，对任何人来说都是一个巨大的精神负担，而一个心中藏有巨大负担的人是不可能真正快乐起来的。

二、欲言又止

手在嘴部

嘴是人们语言交流的唯一渠道，这个渠道应该是畅通的，可是在我们说话的时候，有时却画蛇添足般地出现了捂嘴的手。不用猜也知道，这一动作的背后一定隐藏着一些隐情。

仔细观察会发现，上图中这一特殊的微表情，主要出现在那些想强力压制满腹心里话的倒霉蛋儿身上。

被观察者在极力地控制心中的话语喷涌而出，其实，作为任何一个旁观者，都能强烈地感受到眼前的这个人为了控制自己不说出心里的话而做的挣扎与努力。

有的时候，正在侃侃而谈的人会忽然发觉自己说了不该说的话，这时他就会下意识地用手捂住自己的嘴，好像是要把方才说错了的话使劲地摁回肚子里似的。

许多时候，有些事情做了，但是不能说。然而，当在一些公开的场合要求你必须说出某些真实情况时，一方面内心极度地想隐瞒，另一方面因为承受压力而必须说出事情真相，在两者之间的纠结，就让人出现了这种典型的表情。

在现实生活中，如果硬逼着出现这样微表情的人说出他不想说的话语，显然是对他心理与尊严的毁灭性摧残。其结果是会给他今后的人生留下巨大的阴影，给他的内心深处留下永久性的伤害。从人文关怀的角度来说，一个具有悲悯情怀的人，看到这种情景是不该再逼着他一定要说出什么了。

但是，在司法机关的侦查工作中就是另外一回事了。

涉嫌犯罪的人所实施的行为具有严重的社会危害性，他们的违法行为会不同程度地对公共财产、公民私人的合法财产、公民的人身安全、公民的民主权利、社会秩序等造成侵害。因此，对涉嫌犯罪的人或者是与案件有重大利害关系的证人进行讯问或询问，不但是司法机关依法进行的正常公务活动，也是维护社会治安秩序，保障公民的合法权益不受侵害之举。

这种情况下运用审讯谋略突破犯罪嫌疑人的心理防线，令他交代出犯罪事实经过，就是必要之举，正义之举。

没有什么比"欲言又止"更能说明这个动作的准确含义了。

当一个人经历了非常复杂的事情后，需要面对的一方面是外界要求自己如实说出明显对自己非常不利的真相，另一方面是人的自我保护本能及尊严使自己没有办法说出事实，这种不说不行、想说又不敢说的感受，让当事人的心里情感纠结犹如在热锅中煎熬，这种艰难与苦楚不是一般的人所能理解的。正因为这种心理感受极其强烈，选择又极其具有屈辱性，因而当事人才会出现如此特殊的肢体语言。

在一起贿赂案件的侦破过程中，有一人利用自己与管辖案例的法院比较熟悉的便利条件，向多名法官行贿。在审讯阶段，这名涉嫌行贿的人，面对审讯人员步步紧逼式的问讯，从最开始的矢口否认，到后来的默默不语，最后就微微前倾着身子，将一双戴着戒具的手放在自己的嘴部。这看起来不经意的一个动作，其实透露给我们的信息是：犯罪嫌疑人事先建立起来的心理防线已经到了岌岌可危的地步，距离崩溃只有一步之遥。满腹的心里话都想说出来，那堵住嘴的双手是他的智脑在权衡各种利害关系后所做的最后的努力与挣扎。

（三）　失密的嘴

嘴虽然是用来说话的，但是该说什么不该说什么，什么时候该说什么时候不该说，这看似绕口令一样的问题的背后一定有着深层次的内容。一个人是不是能把握住说话的分寸，其表象背后绝对与一个人的性格、文化、阅历、修养息息相关。

小的时候憋不住尿也憋不住话；

大了的时候憋得住尿也憋得住话；

老了的时候憋得住话但憋不住尿。

这个民间笑话其实说的是这样一个道理：能憋住尿是一种能力，但能憋住话是一种智慧。这里说的能力是一种生理现象，每个人的这种能力都会随着生理的成长或强或弱，这不足为奇。然而能把握住什么场合说什么话，什么时候该说或者是什么时候不说，就不那么容易了。没有丰富的生活阅历，没有理性的自我约束，没有通透的人生洞察，没有豁达的生活态度，想要做到说话有分寸是不可能的。

生活中大多数人，不论是小的时候，还是成年的时候，抑或是耄耋之年，都做不到能憋住话。这么说绝对不是耸人听闻。每一个人能把话说准确了，说得确实有道理，说得有分寸，说得有意义，真的不是一件容易的事。

想想吧，这一生之中因为说话不恰当，或者是表达不准确，让我们与身边的人产生了多少误解与矛盾，不得不面对多少本来可以避免的窘境。

一个没有智慧做底蕴的人，不论是你的语言还是你的行为，都会缺少自制与自律，而没有约束的话语随意脱口而出，往往就像一把把锋利的刀子，怎么能不伤人呢？这样的话语一旦出口就经常会因为混乱而造成差错，平白无故地给你惹麻烦，让你常常于事后懊悔不已就是不可避免的了。

在说话的时候，如果做了不真实的表述，这对于人身体的各个功能系统来说并不是一件容易的事。人的身体非常诚实，这一点远远超出了我们的想象。

如果没有什么阅历的人在说话的时候故意做出不真实的表述，立刻就会有相应的微表情或者肢体语言表露出来，对他的说谎行为进行揭发检举。经验丰富、阅历老道的人说谎的时候，可能会掩饰得好一点，不那么明显地暴露因说谎而出现的线索，但长期地掩饰真情和压制情感会在他的身体上留下痕迹。

长期说谎而又善于掩饰的人，久而久之他的脸会出现左右不对称的现象。我们这么说当然不是言过其实，因为人类的左侧脑负责语言功能，右侧脑负责情绪功能。当人们自由表达意愿的时候，脑不会因为负疚感而产生负担，左、右脑之间就不会纠结，当然就轻松自在了。

而当心中的意愿不能真实地表述，情绪必然被触动，被触动了的情绪在你的心里翻腾，却又得不到有效梳理的时候，左脑负责发出去的话语，严重地影响了右脑负责的情绪，时间久了就会在人的脸上显现出一些结果。随着岁月的增长，这样的人的脸会长偏，也就是人们常说的脸一边大一边小。

这应该是一个标志，就是说一个人在后来的岁月中他的脸不再像从前那样端庄了，而是出现了左右大小不对称的现象，抑或是他的嘴巴说话或是做表情的时候会明显地出现歪斜，这说明他或者是经常性地说谎，或者是在日常生活、工作中面对种种不如意的事情时，更倾向于习惯性地用压制自己的真实情感来处理问题。

正因为如此，人们倾向于认为当一个人在那里认真地说着某件事情的时候，如果他的嘴歪了，那么你要小心了，他很可能是在说谎。当你面对一个人的时候，不论他说的话怎样打动你的心，但是他那左右明显不对称的脸，无不时时地提醒你：他是一个经常不真实表述自己意图的人，是一个习惯于隐藏真实情感的人。因此你要注意了！

如果是习惯于说谎，那么这个人的品行绝对有问题。如果是习惯于隐藏真实情感，事情似乎也好不到哪里去。因为人的情感会生成正面情绪与负面情绪，而这两种情绪都是能量巨大的潜力量。

正面的情绪对我们的健康非常有益，而负面的情绪对我们的健康会有巨大的损害作用。一个长期习惯于压制情感的人，可能会为他的亲人、朋友、同事长期创造融洽的氛围与人际关系，这是奉献与付出，但他自己默默隐藏的那些负面情绪又该怎么处理呢？

这就是定时炸弹，除非他本人有能力有智慧解决掉这些日积月累产生的负面情绪，否则在未来的某段时间，他必定会被这些积重难返的情绪所害。

（四） 情绪人生

人的表情丰富多彩，人的肢体语言也是万千变化，它们远远比我们的语言更加生动与丰富，有些人说起话来眉飞色舞，各种表情层出不穷；有些人说话的时候手舞足蹈，肢体语言精彩纷呈；而有些人说话的时候不但表情木讷，而且动作呆板，让旁人很难从他的身上读到额外的信息。

总的来说，人的面部表情及肢体语言可以分为表达正面情绪与表达负面情绪这两种类型。

1. 向上与向外

所谓向上就是说当人的真实心理感受是正面的时候，其情感流露在他脸上、身上时，他的嘴角、鼻翼、眼角、眉梢都是向上的，因此，形容一个人高兴的时候，我们会说他"喜上眉梢"或者是"眉飞色舞"。

人在喜悦的时候心气高、底气足，手与脚都会向上抬起，比如脚步轻盈，比如趾高气扬，比如手舞足蹈，比如振臂欢呼。

而向外是人在体验一种强烈正面情绪的时候，他的面部表情及肢体语言会不由自主地出现向外张扬的样子。这种向外的扩张式张扬是无法控制的，最起码是绝大多数人无法自主控制的。

想想喜怒不形于色这种境界吧！绝非一般的凡夫俗子所能轻易达到的脱凡圣境。

出现向上这种线索的人，这表明他当前具有攻击性的意图。比如高高昂起的头颅，那肯定是不屈服了；再比如两只眼睛瞪得好大，怒目而视，那一定是极其愤怒了。

有时候，当你与一个人对话时，如果对方一边说着话，一边冲着你伸出手指，你立刻就会感觉到他此时的盛气凌人及对你的不尊重。

你是否还有这样的记忆？你在家里教训你的小孩子，可是不论你怎么样声严色厉，也不管他怎么样看似很乖一声不吭地站在那里任凭你喋喋不休地说教，但他那高高噘起来的小嘴儿却明明白白地告诉你：此刻他的心里并不服气。

在这里一个小小的微表情——噘起来的嘴，代表的却是强烈的自信与正面心理，清楚地知道这一点很重要。

在一起涉嫌集体贪污公款的案件中，一个事业单位的大量账外资金都存放在单位内勤的手里。这个内勤是一个中年女子，她把大量单位的钱与自己的钱都混在一起了。涉案的领导在审讯中态度比较好，很配合侦查员的工作，对自己贪污、挪用单位账外公款的犯罪事实供认不讳。

但因为涉嫌贪污、挪用的公款数额比较大，笔数比较多，时间又比较长，有些事实他确实记不清楚了，他就非常诚恳地对侦查员说，单位的账外资金基本上都是他一个人说了算，这些年来他也是随心所欲地支配这些钱，因此，只要是对不上账的钱，就都可以算在他的身上，他心甘情愿

地认罪服法。

在核实一笔十五万元公款的去向的时候，这位领导想了半天也想不起来自己是怎么拿走这笔钱的，以及把钱用在了什么地方。于是，他就不住地说这钱一定是被自己拿走了，也是他个人挥霍了，只是他实在想不起来具体的细节了。

但是当侦查员与这个女内勤进行核实的时候，她对这笔钱的记忆也是模糊不清的，感觉这笔钱如果没在她记录的流水账上，就一定是被她的那个领导拿走了。

侦查员耐心地慢慢启发，让她认真地回忆，她也非常努力地进行回想，但有关这笔钱的具体细节显然她回忆不起来了。没有办法的情况下，她说："既然这笔钱不在我记录的账上，我们领导又十分肯定地说这钱是被他拿走花掉了，那应该就是这样子了。"

事已至此，侦查工作似乎没有什么可做的了，但细心的侦查员发现，这位女内勤在肯定这笔钱是被他的领导拿走挥霍了的时候，她的嘴不经意之间噘了起来。这是一个稍纵即逝的微表情，几乎不会被旁边的人察觉到。但是，这是一个非常重要的微表情，因为一个人在面对一件事关重大的事情时不自觉地噘起嘴，是在表达一个非常明确的信号：噘嘴人的潜意识对眼前所发生的事情其实是不认同的。而无数的事实证明，最后的结局往往是那个倔强的默默抗争的潜意识是正确的一方。

从现在我们所掌握的心理学知识来看，那就是说她内心的潜意识并不赞同她口中目前所表达的内容，而且这种不赞同具有极其正面的强烈性，在这一点上，我们的潜意识会显得很固执。

于是，侦查员又按照时间顺序及事件所涉及的各个环节，对这个单位的账外资金进行梳理，结果查清了这笔资金是被涉嫌犯罪的单位领导用于另外一件公事上了，只是因为时间久远谁都记不清了。

但是女内勤的潜意识里显然有残留的记忆痕迹，这种痕迹虽然看起来不那么明朗清晰，但它有着不可替代的正确性，因时间长久而处于沉睡状态的潜意识，需要一定的信息来唤醒它。如果当事人因为种种原因做出违背此记忆

不论何时，不论在何地，不论什么人，当她（他）噘起嘴来的时候，都是她（他）的内心在向你大声地说："不！"

噘嘴

痕迹的决定时，人的潜意识就会立即提出反对意见。这种

类似于本能的反应，以线索的形式马上就展现在我们眼前的，就是那瞬间噘起来的嘴了。

这噘起来的嘴代表不同意、不认可、不赞同、不服气、不接受。

可惜的是，现实中大多数时候，这种对我们的分析判断有重大价值的微表情线索都被忽视了。以至于人类脑的潜意识忠心耿耿所做的努力，往往得不到应有的重视。在人类历史长河中，人们因为没有能力解读微反应的真实含义，没有理会身体提供给我们的正确指引，不知道造成了多少误解，不知道走了多少弯路，更不知道留下了多少遗憾与悲剧。

从这个案例中我们可以看出，人的许多记忆因为时间久远等缘故，靠正常的回忆已经不能唤醒了。虽然人在外在的压力下有时会屈服于一个看似很有道理的事实，但是潜意识里没被唤醒的残留记忆和脑缘系统对危险事件的时刻预警，却会通过那噘起来的嘴向世人警示她的内心其实并不同意此时她口中所做的表述。

2. 向下与向内

所谓向下就是说当一个人的真实内心感受是负面的时候，其情感作用在他的脸上时，他的整个面部肌肉都是向下坠的，以至于给人的感觉是脸拉得好长。这时我们形容他的时候往往会说"愁眉不展""满面愁云"……

向下的线索出现时，基本上都是因为人的内心充满了不良情绪所致，这种负面情绪作用在人的脸上，不但人的嘴角、眼角、眉梢会向下，就连人的头颅也是抬不起来的，整个人无精打采，所以就会呈现出"垂头丧气"的样子。

许多研究读心术的人会把人处于负面情绪的时候那些向下的生理现象，描绘成是当事人好像战胜不了地心引力。其实这种说法还是有点道理的，人的一生就像与地心引力做斗争的一生，你出生了、你成功了、你美好了、你胜利了，都是正面的，是向上的，这时的你能够战胜地心引力；而你失败了、受挫了、消沉了、衰老了、死亡了，都是负面的，都是向下的，这时的你就输给了地心引力。

向内的人体生理现象，具体体现的都是向内回缩的特征。比如我们在前面提到的双嘴唇消失，比如耸肩缩头的"乌龟效应"，都是典型的信心消失的表现。因为信心不足了，就无力面对现实了，不论当事人此时外表看

耸肩缩头

起来是怎么样的无动于衷，其实她身上无意中表露出来的微反应已经泄露了她此时此刻真实的内心意图。

对于在外界信息刺激下肢体的回缩，除信心丧失的原因以外，还有一个非常重要的原因我们应该明晰与牢记，那就是当人的脑缘系统感觉到危险来临的时候，就会直接下令让人的躯干或者四肢进行回缩，从而最大限度地远离危险源。

保证人的躯体远离危险不受到伤害，永远是人类自我防御系统的首要职责，而且在这一点上，人体的防御系统基本上做到了恪尽职守，任劳任怨。

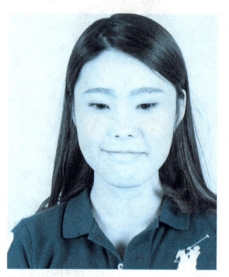

双嘴唇消失，嘴角上扬

在左图中，虽然第一眼看到的微表情是消失的双嘴唇，应该是被观察者正处于信心不足的负面心理情绪中，但再细致观察你就会发现被观察者的嘴角是轻轻上扬的，这种既有双嘴唇消失这样的负面特征，又有嘴角上扬这样的正面特征的冲突性微表情要告诉我们的是：表面看起来被观察者似乎是处在一个对她非常不利的事件中，但是被观察者意外地获得了令她欢欣鼓舞的信息，或者是知道了某种答案，内心充满喜悦的她虽然想隐藏这一秘密，但她的喜悦之情无意之中溢于言表了。

如果出现双嘴唇消失的同时，被观察者的嘴角夸张式地上扬并同时伴有睁大眼睛，那就是一种在巨大喜悦作用下的滑稽喜剧心理所展现出来的面部表情了。说这是一种面部表情，而不称呼为微表情，是因为下面这样的两个特征使这两者之间有了明显的区分。第一，表情在人的脸上持续的时间比较长，而微表情的出现往往是稍纵即逝的。第二，表情就是要让别人看到的，也就是说表情是给别人观看的，没有人看就失去意义了。而微表情是当事人无意之中流露出来的，就内心的意图来说，当事人并没有想让别人察觉的意思。

观察犯罪嫌疑人在审讯中出现的微表情及肢体语言是向上、向外，还是向下、向内，是一件极其有价值的事情。这可以让我们在第一时间就能判断出犯罪嫌疑人此时面对审讯所采取的是何种策略，也可以及时了解随着审讯的进行，犯罪嫌疑人内心所处的感受状态。

当面对我们的问讯，犯罪嫌疑人的手脚都在不知不觉中向外扩张时，我们就要注意了，因为这是她在主动进攻，在争取审

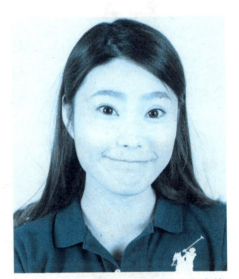

在极度正面心理状态支配下的夸张表情

讯的主动权。我们不能让这种情况在我们的眼前任意发生而不加干涉，因为一个在心理上占有优势的犯罪嫌疑人，是无法对她进行审讯的。

同样，当我们注意到：随着我们问话内容的逐步展开，

犯罪嫌疑人原本自然的躯体显得有点不自然了，她的手脚开始慢慢地往回收缩。特别有意思的是在我们说到某一关键的事情或者某人的名字的时候，就好像是事先约好了要配合我们的问讯一样，她的手脚马上就回缩。这样的画面给人的感觉就好像我们说出来的话语是一条会伤人的毒蛇，每次出现时都会让犯罪嫌疑人不自觉地缩回手脚进行躲避，生怕自己被咬到。

一旦出现这样的线索了，我们就能清晰地知道犯罪嫌疑人心里惧怕的是什么，她的软肋在哪里，我们该选择什么问题作为审讯的突破口。

前几日我看到一个审讯视频，在审讯之前侦查员与犯罪嫌疑人都做了充分的准备，所以注定这场交锋会是一次激烈的博弈。

当然，因为侦查员拥有初查阶段大量的证据材料，要想掌握审讯的节奏和主动权并不难，但是在审讯的开始阶段，侦查员在进行政策教育和引导进入查证犯罪事实的时候，犯罪嫌疑人虽然面无表情地坐在那里，好像是听得很认真的样子，但她的两根大拇指一刻不停地在那里缠绕着。

大拇指缠绕

大拇指在人的肢体语言中有着非同一般的重要意义，这一点在后面的内容中我们会涉及。它是信心与决心的代言人。如果有一根大拇指出现，就已经表明它的主人信心高昂。而两根大拇指同时出现，又不顾旁人的感受在那里快乐地缠绕，就更是没拿别人当回事儿，只存在于自我的意识当中了。

后来，侦查员开始加大审讯的力度，并用充分的证据罗列来驳斥犯罪嫌疑人的抵赖狡辩。在这种情况下，犯罪嫌疑人的两根拇指就停止了优雅的缠绕。

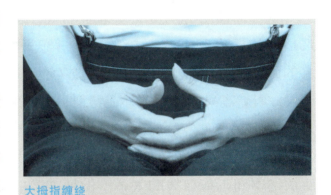

大拇指缠绕

这是非常明显的信号，只要是这个信号出现了，就说明你的审讯工作绝对没有进入应有的阶段。

再后来，面对证据的有力证明，犯罪嫌疑人不得不承认侦查员所说的话有道理，她原先高高竖起来的那两根大拇指也在不知不觉中垂了下去。

做到知己知彼并不难，因为有犯罪嫌疑人的微表情及肢体语言在源源不断地给我们输送情报。对此，我们该慷慨地接受，并加以有效地利用，才不枉那些微表情及肢体语言所做出的积极贡献。

有效的解读可以变废为宝，更可以另辟蹊径，让我们在山重水复疑无路的时候，发现原来柳暗花明又一村。

人生不过是发生在一定空间内的时间过程，在这个过程中，人人都在追逐利益与成功，得到者欣喜气盛，不但喜笑颜开而且步履矫健。这时的人们都是眼角眉梢向上，举手投足轻盈灵活。因此，充满正面情绪的人，有足够的能量对付地心引力，走起路来脚底下有如安了弹簧一般，浑身上下洋溢着力量，于是年轻，于是健康，于是心情好，于是免疫力强。

而一个长期困于负面情绪中的人，愁眉苦脸、无精打采是他的标准配置。紧锁的眉头，低垂的头颅，拖泥带水的脚步，不住的唉声叹气，成为他的身份特征。这些让人一看就高兴不起来的外在特征，对于深陷负面情绪中的人来说，就好像是他的影子，总是跟随着他而寸步不离。

负面情绪让人没有能力对抗地心引力的作用。困于负面情绪中而不能自拔的人，不但精神萎靡不振，而且易病易怒，免疫力低，情绪失常，行为失衡。

显然，人们都希望自己能多多地拥有正面情绪，而远离负面情绪的困扰。如果把正面情绪比作白昼，那么负面情绪就是黑夜。我们能不能只要白昼而弃绝黑夜呢？假如我们经过努力终于可以始终处于满满的正面情绪中，那是否是到达了幸福的彼岸呢？

我觉得并不是这样子的，正所谓大道至简。

真正的悟而内明者追求的境界该是"不黑不白"吧！这世界凡事太过必为怪，太黑或太白都为过，而过则会不及。这个"过"究其根源是太执，是智慧不足的标志。

现在有一个有趣的现象，那就是在许多人中佛法盛行，比如许多人都会跟风似的地学习或者背诵《心经》。《心经》是比较短的佛经，全篇只有二百多个字，而且诵读起来朗朗上口。

可是很少有人能真正地读懂《心经》。我们来看看《心经》开篇的第一段话："观自在菩萨，行深般若波罗蜜多时，照见五蕴皆空。"

请问何为"照见"？恐怕绝大多数人都没有注意到这个平淡无奇的"照见"吧！

很多人都在修习佛法，为何有的人能"照见"而你不能"照见"？可见此"照见"并不是一般的说说而已，而是意义非凡，大有禅意。你若是不能够"照见"，就算"头悬梁，锥刺股"地修行八辈子也是一根不开窍的木头。

照见者，能力也。

就像上面我们说的那些非言语行为，不识者熟视无睹，善识者一眼看穿。

照见就是这样。

（五）　察言与观色

语言是人与人之间交流的主要方式，但并不是所有的交流都是在坦诚中进行的，在侦查工作中这一点尤其明显，许多时候侦查员不得不时刻分析、判断犯罪嫌疑人的供词是真还是假。

1. 心口不一

　　民间有这样一句话：做人要心口如一。这句话的意思是说人在说话的时候，应该心里想的与嘴上说的是一致的，不能嘴上说的是一套，而心里想的是另外一套。

心口不一

　　心口不一的肢体语言是一个很有趣的现象，细想之下显然是我们想掩盖真相的意图遭到了出卖。不是我们的心出卖了我们的手，就是我们的手出卖了我们的心意。

　　在日常生活中，心口不一的例子比比皆是，就连许多名人政要在说话的时候，也会出现嘴脸面向的是一个方向，而手指却明晃晃地指向另一个方向的现象。

　　在读心专家们看来，这一肢体语言有点像偷吃了糖豆的小孩子在家长面前撒谎一样明显可笑，但现实就是这样，许多犯罪嫌疑人或者是污点证人在刚刚开始面对侦查员讯问或询问的时候，都会本能地进行狡辩与抵赖。大多数人说谎的时候，都会出现心口不一的经典肢体语言。

作为侦查员要知道的是，说谎的标配动作是心口不一，一般出现在审讯刚刚开始的时候，与最终的审讯突破还有很长的距离。这是双方刚刚开始交锋的时刻，谁都急躁不得。侦查员面对这样明目张胆的说谎者，必须要有长期作战的思想准备，按照事先制定好的计划，不急不躁，步步为营地推进审讯工作。

2. 直接反对

当你问犯罪嫌疑人"你是否收受了田某送给你的港币"时，对方直接回答："我没有收过他给我的港币。"出现这种回答的话语与讯问的话几乎没有什么变化的时候，你要注意了，因为这家伙很可能是在说谎。

因为当前的问话对他来讲事关重大，以至于智脑一接触到这种危险的信息就立刻异常地警觉起来，甚至来不及思索就断然予以否认。这种情况表现在审讯中就是犯罪嫌疑人面对侦查员的一句关键性问话，立即几乎原封不动地予以否认，这恰恰说明了这一问题的重要性，因为对他来讲这个问题几乎是致命的。

知道了这一点，我们就应当避免盲目的强攻，而应该在总体上抓住犯罪嫌疑人收受贿赂的事实不放松，在侧面的各个点上一点点地进攻突破。最后当外围的所有据点都被清除之后，被逼到角落里的犯罪嫌疑人就只能缴械投降如实地交代了。

3. 声音异常

每个人声音的音色是不同的，正因为如此，有的时候我们只是凭借声音就能分辨出说话的人是谁。因此，当某人说话的声音忽然有了变化的时候，就必然会引起我们的注意。

一是声音忽然变得明亮起来，显得轻松而流利。不用说这就是掩盖，是赤裸裸地掩盖真相。这种轻松而明亮的声音就是为了麻痹你而准备的，其实故作轻松的背后是他不想让你知道的真相，因为此时的他并不轻松。

二是声音忽然变小，变模糊，变得断断续续。这种异常情况出现的时候，其实就是接近真相的时候了。往往是当事人不敢直面真相，又特别担心被别人知道的时候，就会出现声音变小、变模糊，变得断断续续这样的情况。

4. 一言不发

在审讯中遇到一言不发的人是一件十分麻烦的事情，许多侦查员都遇到过这种难以应付的对手。

俗话说："不怕大喊大叫，就怕一声不吭。"在侦查工作中遇到一言不发的人，一是因为他们往往都是性格比较内向的人，这种人一般都思维缜密，性格固执而倔强；二是这种人在案发前一般都有一定的心理准备，对自己未来可能面对的一切不利局面都有充分的预料。所以，一旦面对侦查员的问讯，他们会采取一言不发的防守姿态来应对眼前的不利局面。

在侦查活动中遇到一言不发者之所以难对付，是因为这会造成严重的信息不对等。大家知道，犯罪嫌疑人是犯罪事件的实施人，是事件的亲身经历者，因此他是相关犯罪事件信息的最大拥有人。

如果犯罪嫌疑人因为一言不发而关闭了与犯罪事实有关的信息通道，那么侦查员就成了一个信息孤岛，无法从面前的犯罪嫌疑人那里得到任何有价值的信息，这样侦查员事先收集的种种信息得不到相应的验证，就没有办法证实那些证据材料的准确性。于是，原本在侦查活动中处于主导及进攻地位的侦查员，转眼间变成了无的放矢的被动一方。另外，犯罪嫌疑人一言不发也使侦查员的审讯变成了唱独角戏，无法进行下去。

实践中许多侦查员面对这种难题，习惯采取的做法不外乎有两种。

第一种，加大审讯力度以硬克硬。不客气地说，这是最愚蠢的做法，是最没有智慧的举措。试想对一个心思缜密、做好了充分心理准备的人来说，这种面对面的强攻，就像我们在面对敌人重兵防守的阵地

沉默

067

进行不要命的进攻一样，不但会损失惨重，而且毫无胜算。许多侦查员在面对犯罪嫌疑人一言不发的情况的时候，就习惯于拍桌子瞪眼睛地选择进行强攻或施以高压。几个小时过去后，视死如归的犯罪嫌疑人依然无动于衷地坐在那里，但侦查员却如泄了气的皮球似的败下阵来，无计可施。

没有智慧做支撑的侦查活动，必然会出现损兵折将的惨淡结局。这也是智慧对愚蠢下的谶言，没有例外。

第二种，寻找薄弱环节作为突破点。这是另一种遇到犯罪嫌疑人以一言不发的方式来对抗审讯的时候，一些侦查员喜欢采用的审讯方案。其理论依据是：所有的人都有致命点，一个人的致命点就是他的弱点，而这一点就是在问讯中应该选择的突破点。这一理论乍看起来好像挺有道理，但是无数的事实证明，这条看似一片光明的大路实际上也是走不通的。

经过分析与归纳，我们会发现，采用这种审讯方案的侦查员，在选择突破点的时候，一般会有这样一些惯用的选项：恢复自由、父母、孩子、妻子（老公）、情人、事业，等等。

愿望都是美好的，但现实是冷冰冰的、残酷的。这些看似很聪明的审讯策略对那些早有心理准备、用沉默来对抗审讯、以不变应万变的犯罪嫌疑人来讲，很难达到预期的效果。审讯的结果往往是侦查员苦口婆心、语重心长地说了一大堆，而犯罪嫌疑人掉了几滴眼泪后照样是徐庶进曹营——一言不发。

可见，小聪明解决不了大智慧的问题，面对一言不发的强劲对手时，正确的选择是从他的心理入手，以巧来破拙，以柔来克刚。

第一，重新调整审讯工作的目标。

所有的审讯都是以突破犯罪嫌疑人的口供为目标的，但是当犯罪嫌疑人做好了充分的防守准备，用沉默来让你的所有进攻都失效的时候，通过审讯来获得口供的目的就不可能实现了。

既然突破口供的既定目标无法实现，就说明是时候该调整行动方案了。要从与犯罪嫌疑人完全无关的地方入手，就是说不但与他的涉案犯罪事实无关，甚至与犯罪嫌疑人所担心的一切事情都无关，这才是正确之道。

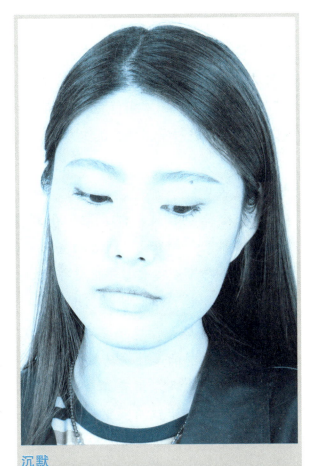

沉默

一言不发用沉默来对抗审讯的犯罪嫌疑人，一般都不喜欢与侦查员进行目光对视。因为眼睛是心灵的窗口，拒绝对视，就是关闭交流的窗口。

因为一切与他有关的事情他都做好了抵抗的准备，我们去进攻这些所谓的弱点，显然不是明智之举，只会引起他的反抗与逆反心理。

所以，不要把突破口供作为审讯方案实施，而是应该把如何与对方建立沟通的渠道作为首选的目标来完成。有了沟通才能有交流，有了交流才能有信息，有了信息才能有分析、判断，有了分析、判断才能有最终的审讯突破与目标达成的可能这样的层层递进慢慢展开的工作方法，急躁不得。

有一个公职官员，被立案传讯到办案区后，就表情木然地坐在那里一声不吭。通过初查工作的了解，知道犯罪嫌疑人是一个行事小心谨慎，性格倔强，心思十分细腻的人。

面对侦查员的审讯，他显然早有心理准备。不论侦查员怎样问话与启发，他都是面无表情，静静地坐在那里，不理不睬，使审讯工作无法进行下去。

面对这种情况，侦查工作的指挥员马上做出了调整，不再进行任何与审讯有关的问讯活动，并且选派一个专门指定的侦查员与犯罪嫌疑人进行接触。

在接下来的时间里，被指定的侦查员在给犯罪嫌疑人送饭的时候发现，他基本不吃米粥米饭类的东西，而且对这些东西没有好感。通过外围工作我们得知：犯罪嫌疑人在此之前因为患有糖尿病和胃病，一般是不吃米饭之类的食物的。侦查员从关心的角度轻声地询问他："是因为身体的原因不喜欢吃米饭类的食物吗？是否需要给你换一些面食？"

这名犯罪嫌疑人对侦查员的关心并不理会，但侦查员却不声不响地给犯罪嫌疑人换上了可口的面食，并有意无意地在犯罪嫌疑人面前说起自己的糖尿病史及饮食、治疗等话题。这些话题显然与犯罪嫌疑人事先构筑好的防线毫无关系，因此没有引起他的警惕与反感，但是这些话题的内容却让他不自觉地参与了聊家常式的交谈。

被严防死守的大门一旦打开，对话的渠道就越来越多，双方从聊家常到逐渐地聊人生、聊感慨，到最后犯罪嫌疑人的心理防线完全解除，于是审问在不知不觉的对话中逐渐展开，直至所有的犯罪事实完全突破。

可见，当你面对一个早有充分准备，又决心用沉默来对抗的对手时，选择正面强攻是不明智的。

第二，切记不能操之过急。

审讯是一个各种谋略综合应用的过程。对于这些谋略，不是使用了就达到目的了，而是要应用到涉案的犯罪嫌疑人身上，要在他的身上起到我们预期的效果才能算是真正的成功。

人对重要信息的接受及消化是需要一个过程的，这个过程又受各种因素的影响与制约。因此，一个优秀的侦查员一定要有耐心，要有充足的耐心等待审讯谋略在犯罪嫌疑人的心里逐渐催化。这就像一个技艺高超的大厨，要想烹饪好一桌菜肴，他必须精挑细选食材，必须合理搭配品种，必须精益求精掌握火候，这样才能做出一桌令人垂涎的、色香味俱全的大餐。而侦查工作也是这个道理，慢工出细活，懂得这一点才能在审讯活动中把握好节奏，因为节奏非常重要。

第三，要观察并掌握被审讯人员的人格弱点。

所谓的人格特征是指每一个人在生活中逐渐形成的，有别于他人的，属于自己所独有的，不会轻易改变的特别属性。

准确地把握一个人的人格特征，对于摧毁一个人的心理防线，意义不言而喻。

有一个单位的女出纳员，在几年的时间里竟然把单位的几百万元公款挥霍一空。案发后面对侦查员的问讯，这名年轻的出纳员只是一个劲儿地哭泣，并不回答侦查员提出的任何问题。这种不问就什么也不说，一问就哭泣的情况让审讯工作陷入僵局，无法顺利进行下去。

通过外围调查，侦查员发现，这名女出纳员日常生活中是一个虚荣心非常强的人，有时候她的虚荣心甚至到了变态的程度。比如，身边的人买车了，那么她一定要马上买车，而且要比别人的车豪华；身边的人买名牌包了，那么她也一定要买名牌包，而且要经常更换名牌包；身边的人买皮草穿了，那么她也一定要买皮草，而且一买就是好几件。最令人匪夷所思的是，单位的哪一个女同事若是夸赞她的哪一件服饰好，她就会立马脱下衣服来送给人家。

掌握这些看似无关紧要的生活细节后，侦查员就有意无意地在女出纳员面前提起她同屋的女同事评价她生活奢侈的话题。没想到一直用沉默和哭泣来对抗审讯的女出纳员，一听到女同事对自己的负面评价后，立刻情绪激动而几近失控，一边大骂那个女同事收了自己白给的多少皮草、多少皮靴而忘恩负义，一边又滔滔不绝地说自己曾经慷慨大方地有恩过多少人。

于是，有趣的一幕出现了，在变态式的情绪驱使下，女出纳员打开的话头儿一发不可收，就连后来的犯罪事实也都是有问必答，毫无阻碍。

通过上面的论述我们可以总结出，在审讯活动中，面对一言不发的犯罪嫌疑人的时候，我们应该注意以下几个要点：

第一，要及时改变工作目标，从追求审讯突破转变为使犯罪嫌疑人产生交流的愿望。

第二，要适时地采取大迂回的策略，而不是一般的规避。要注意这里所说的大迂回是从犯罪嫌疑人完全不设防的角度入手，那些与犯罪事实没有什么关系，与犯罪嫌疑人的生活生存有密切关系的角度，显然不在此列。

第三，要注意以挖掘犯罪嫌疑人的人格特征的弱点做切入点，这样往往会起到出奇制胜的效果。

第四，切记不能操之过急。这一点说起来简单，但实际上做起来比较难。不单是拘押犯罪嫌疑人的时间问题是不能逾越的雷池，在激烈对抗的审讯活动中，在强大的社会压力及工作压力下，能处乱不惊、紧而不乱、稳而不躁，这本身就需要指挥员与侦查员要有超强的能力、过硬的心理素质和成熟的品质风格。

5. 不能倒述

要知道，谎言毕竟不是真实发生的事件，所以谎言与真实之间有着本质上的区别。真实发生的事件因为有翔实的事件过程，当事人在事件中又有着强烈的身心体验，因此对事件的回顾不需要用严格的时间顺序来排列，就可以描述清楚整个事件的过程或者是对任意一个事件的节点进行述说。

但谎言就做不到这一点，谎言有时是对真实事件的篡改，有时是无中生有的编造，这样的谎言因为没有具体的事件作为支撑，因此当事人只能死记硬背，或者是编造好虚假段落，但是因为编造的故事没有身心的真实体验，所以采取打乱时间顺序让当事人从后面向前述说的话，或者是突然摘出来一段章节让当事人述说的话，就打乱了他精心编造的虚假事件，这种情况下说谎者是无法从容地讲述事件经过的，那么谎言就会露出破绽。

6. 避实就虚

大脑是人体的司令部，全权指挥人体的一切活动，同时也负有保护人体尽量处于轻松自在状态，远离危险与不安的神圣职责。正因为如此，脑对感知到的危险有预警功能。在现实生活中，如果需要如实讲述一个真实的事件或者一个真实的人，会让当事人感到不安或者是会面临巨大的风险，那么人的脑就会自动启动预防机制，以便尽可能地远离危险源。

比如某人收受了蔡某某的贿赂款后，当侦查员对这一事实进行问讯的时候，他会马上说："我没有收过他的钱！"这个犯罪嫌疑人在回答问题的时候，有意地避开了送钱人的名字，而选择以"他"来代替。看似不经意的一句话，但实际上是因为蔡某某的名字与一个不能面对也不愿意面对的事件有关，而当前这个事件与巨大的风险相牵连，因此脑的防御机制为了保护主人不被潜在的危险所伤害，就会在说到这个人真实姓名的时候有意避开他的名字，而选择以一个中性词"他"来代替。

其实，在日常生活中，当有人提到一个我们特别憎恨或者特别反感的人的时候，我们也会尽量避免从自己的嘴里说出他的名字。多数时候我们都会用其他具有侮辱性的词或者中性词来代替那个名字，就因为那个名字此时此刻会让我们不愉快，还可能预示着一定的风险。这些细枝末节的背后，隐藏着的是我们内心深处想尽可能地远离危险或者远离不愉快的真实意图。

7. 言行一致

言行一致是一种流畅的状态，是一种自在的标志。几乎所有的人在没有压力、轻松自在的情况下进行述说时都会侃侃而谈、表达自如，这时候的人不但神情自若且举止收放自然，其语言与相伴出现的肢体动作也一定是流畅协调的。

然而，若是在极大的压力下，或是在较大的开放式场合，让你说话表态，由于压力及紧张的关系，大多数人都会出现语塞、口吃，或者手足无措的现象。想想吧！张口结舌、满脸通红、语无伦次，这些情景我们是不是都见识过？这是因为紧张及压力，会让我们无法放松自己，所以不能自由地表达。

因为大脑是人体一切活动的指挥者，因此你表述流畅自如也好，你说话的时候手足无措也罢，都是此时此刻你的脑的真实状态的反应。这个现象让我们明白：原来我们的脑竟然是一个极其敏感的感知器，外界的一点点正面的或者负面的信息，被脑接受到之后都会在一定程度上影响我们的言语或者行为的表达效果。

有意思的是，脑的这一特性，也让我们意外地学会了如何识破障眼法。只有言行一致才能体现出其真实性。

情景一：

比如，你面前的人在说起一件令他非常气愤的事情时，他大声地吼道："你这样的话我会跟你没完的，你要为你的话负责任！"吼完，他又重重地用手狠拍了一下桌子。

嘿嘿，别害怕，这种先是语言表达，然后才是肢体动作表达，而语言与肢体动作相互脱节的情况，其实是这家伙在跟你演戏呢！

情景二：

你面前的人在说起一件让他非常气愤的事情时，他怒不可遏地用手在桌子上重重地拍了一下，然后大声地吼道："你这样的话我会跟你没完的，你要为你的话负责任！"

嘿嘿，别怕，这家伙是在演戏呢。其实他一点儿都没生气。

这里面的小秘密是：当用真实的情感进行表达时，语言与动作应该是协调一致的。凡是语言与肢体动作相脱节的情景出现，不论对方怎样暴跳如雷，也不论对方怎样言真意切，只要有言行不一致的特征存在，你就可以准确地判断出他是在跟你演戏呢，而他有意掩饰的真实意图正是他最担心暴露的事情。

第五节　自信与嘲讽

嘲讽

原则上来讲，嘲讽的表情属于反常规的类型。

因为嘲讽者从心里看不起别人，所以就要用夸张的表情来传达心意。

还因为嘲讽者都是自我感觉良好，所以他们在嘲讽他人的时候，持有的都是强烈的正面心理。

自信与嘲讽都属于正面心理的范畴，在生活中出现很正常。许多人自视清高，刚愎自用，看自己永远是一朵花，看别人谁都不如他，平时张口总是嘲讽，语言尽是打击。

这样的人把平台当成了能力，不但自我膨胀，而且瞧不起他人。但是如果在被审讯对象的身上出现，就显然不是一件正常的事情了，绝对应该引起我们足够的重视。

因为环境与社会身份等原因，一般来讲，不管什么人，如果是以涉嫌犯罪的身份坐在侦查员的面前，他都不会太嚣张、太傲慢。也就是说，他不应该表现出太多的正面心理。但实际侦查活动中，犯罪嫌疑人在侦查员面前表现出自信、嘲讽或傲慢的情景并不少见。这对于侦查活动来说是必须解决的问题，否则后续的一切计划都无法正常展开。

（一）　犯罪嫌疑人自身认知的原因

认知是代表一个人心理智慧的成熟程度。世界上人与人之间有着各种区别，其实最大的不同是认知层次的不同。据说许多学者认为人的认知是分层次的，人与人之间在认知上若相差太多层次，就没有办法交流了。

我们经常会听到这样的话："我和他没有共同语言！""我和他说不到一起去！"其实，造成这些不同的直接原因就是人与人之间认知的差距与不同。认知决定人的好恶，认知决定人的取舍，认知决定人的高低，认知决定人的层次。

两个人的认知不同，即使是同在一个屋檐下，也犹如远隔千山万水，没有生活在一个世界里。

现实中，有些人在涉嫌犯罪后，到达办案区面对侦查员的时候，会一反常态地表现出非常暴躁、不配合的状态，不但言语上冲撞不逊，而且肢体上也充满了暴力与不配合。在出现这种状态的人员中，因为认知错误而一反常态的人不在少数。

在一起重大生产责任事故中，因事故而死亡和受伤的人员众多。当事故联合调查组按工作程序把县里分管生产安全的副县长传唤到案后，该副县长显然没有意识到他所面临的局面是如何的严重。

他先是在那里大谈自己在事故发生后如何身先士卒地战斗在第一线，然后又滔滔不绝地讲起自己这几年的突出政绩。当调查组的工作人员指出他的工作失职与事故的发生有直接的因果关系，并让他讲自己在职责上的疏忽时，他刚开始还没反应过来是怎么回事。等到他弄清楚原来是让他交代自己失职、渎职的事实时，立刻变得暴跳如雷，不但大发脾气，而且出言不逊，使问讯活动无法正常开展。

后来经过长时间的教育及批评，该县长才渐渐恍然大悟，但也是在极不情愿的情况下接受问讯的。

出现认知错误的人，一般有身份认知错误，有事件因果关系认知错误，还有认知能力局限上的错误。

第一，身份认知错误的人一般都有非常自我与固执的特点，在平时的生活工作中总是把自己的社会身份看得特别重，也津津乐道于自己的职位职权。这种人在顺境中往往固执己见，刚愎自用。但他们接受不了逆境，一旦陷入逆境，往往都一反常态，与身边的人进入对抗状态。同样，这种人更受不了外界对自己身份职权的否定。

身份认知错误的人心里素质都比较差，有身份支撑的时候呼风唤雨、为所欲为，一旦失去职务职权这个护身符，他的心理会在瞬间崩塌。

需要提醒的是，身份认知错误特别强烈的人，一旦认识到自己引以为自豪的身份消失后，往往会采取极端手段来了结自己的生命，因为当习惯固化成性格之后，性格会决定命运。

第二，事件因果关系认知错误的原因比较复杂，既有对相对复杂因果关系认知不足的原因，也有认识能力有缺陷的原因。对于前者，一般来讲把事情的来龙去脉说清楚，把事情的前因后果阐述明白，就可以使当事人接受。而后者相对就比较麻烦，因为认知能力不是一朝一夕能弥补的，短时间内说不清楚的，就只能靠证据说话了。

第三，一个人如果因为认知能力的局限而处于较低层次，对同一件事情的认识，与他人相比就会有天壤之别。

现实世界中，我们几乎无法改变一个人的认知层次，这就好像你在外面无法点燃室内的蜡烛一样。

改变只能是他自己开始悟而内明，除此之外，别无良药。

（二）　侦查员的失误

侦查员在侦查活动中的失误，有时会使问讯活动陷入非常被动的状态。

侦查员的素质也参差不齐，所以因为侦查员素质不高而引起的对抗局面也就屡见不鲜。

最常见的情况，就是因为侦查员社会经验不足，对案情了解得不透，对涉嫌犯罪的人没有必要的尊重等，从而把审讯活动引向对抗的窘境。

比如，在侦破一起贪污案件时，上级部门的一位主管业务的领导来基层督办案件的侦破工作，在没有充分听取案情的情况下，就大包大揽地提出要去审讯犯罪嫌疑人。

在问讯的过程中，他方法简单，言语粗暴，很快就引起了犯罪嫌疑人的强烈不满，最后竟然闹到双方脸红脖子粗地对骂的程度。

出现这种闹剧式的审讯场面，审讯人员是应该负完全责任的，他不但使科学严肃的审讯活动无法进行，而且把犯罪嫌疑人彻底推到了与我们完全对立的一面，像这种情况在侦查活动中是要坚决杜绝的。

现代社会资讯十分发达，人们很容易就能获得自己感兴趣的信息，侦查活动的神秘感早就不像从前那样让人心生敬畏并不知所措。许多人在接受侦查机关的传讯前，都会做一些相应的准备。这就要求侦查员要经过更加周全的准备才能进入审讯程序。

其实，不论什么年代，不论什么案件，不论多么难的局面，吃透案情与掌握充分的证据，才是侦查员立于不败之地的终极法宝。

（三） 外强中干

所谓外强中干，就是说涉嫌犯罪的人在面对侦查员时，不但心里忐忑不安，而且自信心严重缺乏。但是在狗急跳墙心理的作用下，许多人会产生变态式的反应，本来是怯懦的心理，他们都摆出貌似极其强大的架势；本来是自信心严重缺乏，他们都以桀骜不驯、目空一切的样子展现出来。

这种一反常态情形的出现，从外表上看是对方大喊大叫，暴跳如雷式的不配合、不服从，但其实是犯罪嫌疑人在用这种极端的方式来掩盖自己虚弱的心理。

众多的实践证明，这种外强中干的犯罪嫌疑人并不难对付，这种人恰恰是最虚弱者，只要方法得当，突破这种外强中干的人简直易如反掌。侦查员需要做的：一是要明确而郑重地说清楚侦查机关依法进行问讯工作的合法性；二是要指出犯罪嫌疑人目前因涉嫌犯罪所要面对的险峻形势；三是给犯罪嫌疑人适当的时间来稳定情绪；四是指示犯罪嫌疑人对侦查员指定的问题进行反省；五是对犯罪嫌疑人进行必要的行为矫正以后，让他对侦查员提出的问题进行正面回答。

在这种情况下，最开始郑重而详细地说明依法讯问的正确性与必要的行为矫正相结合是十分重要的。

一般来讲，识别判断外强中干式的犯罪嫌疑人有以下

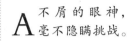

A 不屑的眼神，毫不隐瞒挑战。

B 微微抬起的下巴紧绷着，无声地表达着内心的不满。

C 抱起来的双臂是傲慢也是拒绝，一副拒人于千里之外的架势。

E 全身放松不着力，说明他的内心处于强势状态，没有进入我们预期的入戏阶段。

D 明目张胆跷起来的二郎腿是对权威的挑战，更是一种不服气的示威。

F 身体全部坐在椅子里，一副安然自得的样子，是用身体语言宣示自己的不畏惧。

G 双脚毫不畏惧地伸向前方，是不退缩、不害怕、敢于挑战危险源的心理展示。

一些需要关注的特点。

一是言语过激。

用大声且过激的语言来表达自己的不驯服，是绝大多数外强中干者的不二之选。这种时候越是内心虚弱者，就越是表现得过激而强烈。这就有如恒星因为能量燃尽最后扩张成为红巨星一样，不过就是挣扎的一搏而已。

二是动作夸张。

要知道所有的人体动作在与话语相配合时，是不是自然、协调、流畅，都是鉴别其内心情绪真伪的一个重要标准。外强中干者在强烈情绪的作用下，在虚弱心理的影响下，没有办法合理地控制自己的行为。

三是表演中断。

所谓的表演中断是因为犯罪嫌疑人不是真实的情感爆发，而更多的是用表演来掩饰自己内心的虚弱，因此，他过于激烈的言语及行为动作，会意外地经常出现略显中断的情景。这是因为表演者会不自觉地在表演中对自己的演出效果进行评判与分析，这种看似言语及行为的中断，其实是思维流的中断。

所有的表演都不可能完美，是演出就会有瑕疵，再聪明的犯罪嫌疑人在表演的时候，也不能例外。

第六节 一目了然的下巴

人的下巴在面部的最不显眼之处，在日常生活中很少会引起别人的关注，更没有人会关心一个人的下巴是否喜、怒、哀、乐，可见，下巴是一个经常被忽视的角色。

但是默默无闻、无职无权的下巴其实并不是真的就一无是处，更不能被可有可无地忽视不管。有些时候对下巴进行仔细的观察会发现，其实平淡无奇的下巴也隐藏着一些不为人知的小秘密。

因为下巴通心！

要知道人的心是不会说话的，所以当人的心里有情感意愿需要表达的时候，就会通过各种渠道来流露自己的意思，而其貌不扬的下巴就是心意表达的一个秘密渠道。

一 思索与专注

1. 进入思考

这一肢体语言是思考与专注的典型标志，不论是动脑筋进行颇费心智的思考，还是因为听到的内容精彩而进入专注状态，这一动作都说明了当事者在专心致志地进行一件事情，那就是思考。

人在思考的时候，会用许多肢体语言来展示，比如合上双腿，比如把手放到额头上。

八字下巴

就专心致志的程度来说，单手内八字放在下巴上的肢体语言，要逊于把双手放在额头上进行闭目深思的肢体语言。因为把手放在额头上进行闭目深思的肢体语言，是人在十分困顿的情况下，不由自主进行深度思考的外在表现。人的智脑就处在人的前额后面，用双手扶住额头闭上双目，就可以最大限度地暂时隔绝与嘈杂外界的联系，完全进入自己的智脑思维状态。

2. 殚精竭虑

显然，这是一个看了就让人堪忧的肢体语言，不是遇到极其麻烦的事情时，人不会进入这样的思考状态。同样，不进入这样深层次的思考状态，人就无法殚精竭虑地想出奇妙的方法，然后解决那些看似不可能解决的问题。

双手的十指连心。把全部的通心之指放在脑部，又关闭了与外界相联系的双眼，人就只能专心致志地进入自己的思维世界中，屏蔽暂时不必要的分心干扰，调动所有的潜能全力以赴地思考、研究、分析、判断需要自己面对的困境与难题，为自己能尽快脱离麻烦找到一条路径。

双手捂脑

在遇到困难的时候，有些人不喜欢动脑思考，他们的借口是"不愿意想那么多，因为动脑想问题很累"。

我个人觉得这种观点是一个悲剧，因为人的脑就有如一条通往圣境的小路，你要经常在小路上行走，那条小路才能宛然而清晰地在那里。如果你还想去圣境，又怕走路乏累，时间一久那条小路上就长满了荒草。如果荒草不能得到及时的清理，久而久之，荒草连天，无序蔓延，致使小路消失，你就永远被荒置于乏味的尘世，永远无法到达彼岸的圣境。

思维停顿是一种令人惋惜的不良习惯，它的直接后果就是自我关闭通往心灵之路，自我拒绝心灵的成长。人的心灵一旦蒙灰停顿，心理的成熟度就会开始倒退，这在心理学上被称为"退行"。

心理停止成长的人，认知能力低，思维苍白幼稚，困于故步自封，表达能力差，逻辑混乱。这样的人有一个共性的显著标志：经常制造麻烦，却无力解决问题。

（二） 不满

这是一个极其不易被人觉察到的表情动作，一般都出现在审讯的最开始阶段。还有就是当侦查员将话题转到对犯罪嫌疑人不利的内容时，犯罪嫌疑人往往就会不自觉地出现这一微表情。

当人内心中充满了不满的情绪时，下颌肌肉就会紧紧

轻视

地绷起来，与之相伴的是微微抬起来的下巴与略显冷落的面部表情。

现实生活中，当你有不满的情绪时，并不是所有的不满都能真正地表达出来，都可以尽情地进行宣泄。其实，更多的时候我们都是不得不压抑自己的不满情绪，虽然内心中充满了不满，但是表面上还要装作若无其事的样子。

看来善于演戏的我们，虽然在演技上炉火纯青，经常瞒天过海，但是默默无闻、其貌不扬的下巴，却倔强地不屈服于现实，毫不隐讳地向世人展示着我们内心的不满。

现在我们明白了，当犯罪嫌疑人坐在我们面前时，如果只是从外表上看，他坐在那里好似风平浪静的样子，但我们只要看到他那微微抬起来的下巴，而下巴上的下颌肌肉却又紧紧绷着，那就是他在用无声的面部表情告诉我们：当下的环境，侦查员所问讯的问题及侦查员本身的存在，都在这家伙的内心深处引起了强烈的不满，他只不过是没有办法表达。

在讯问活动中，犯罪嫌疑人虽然心怀不满，但又不得不压抑自己的负面情绪，不敢把它真实地表现出来，这对涉嫌犯罪的人来说无疑是一种痛苦的体验，但是侦查员能及时地察觉这一点对于侦查活动来说就具有积极的意义了。

一是确认。如果与犯罪事实没有什么关联，一个人面对侦查员的问讯时，他的内心是不会真正产生不满情绪的。要知道，当人的脑接受到对自己不利的信息时，出于脑的自我保护意识，立即就会产生不满的负面情绪。这是不受自我意识控制的，也可以说是很少有人能自如地掌控自己情绪的流露。

而与犯罪事实有关联的人，当我们问讯的内容涉及他的隐私情况，他就会或紧张，或害怕，或不满地陷入其中，就会有这方面的线索源源不断地流露出来。犯罪嫌疑人这时暴露出来的蛛丝马迹是在明白无误地告诉侦查员：这家伙与犯罪事实有着最直接的因果关系。

　　二是程度。人的下颌肌肉紧绷表达的不满情绪，一般只是表明事件处在初始阶段，就是审讯刚刚开始，涉嫌犯罪的人也刚刚产生不满的负面情绪的时候，而整体的心理交锋还没有真正地展开。

　　三是敌对。应该知道不满是一种情绪上的对立，虽然侦查员与犯罪嫌疑人在情绪及心理上的对立始终贯穿着审讯的全过程，但注意发现涉案人员对立情绪的产生，并及时地加以掌握与引导，这才是一个优秀的侦查员应该具有的基本技能。

第七节　需要安抚的耳朵

耳朵

耳朵是人的听觉器官，耳朵上布满了许多末梢神经，因此，有些时候对耳朵进行观察，可以发现一些对我们有价值的线索。

耳朵长在人头部的两侧，有非常重要的接听功能。但是与其他面部器官相比较，耳朵显然不那么引人注意。人们每天对着镜子打扮自己的时候，花在耳朵上的时间恐怕也是最少的了。即使是研究读心术的人也很少会注意到它，这使耳朵显得有些委屈。虽然耳朵的作用不突出，但还是有值得关注的价值的。

（一）耳朵的形状更像胎儿在母亲腹中的样子

耳轮中分布着人的四肢末梢神经，而耳垂处却与人的脑密切相关。因此，有的人在遇到害怕的事情或者是受到惊吓的时候，就会情不自禁地用手去抚摸自己的耳垂。

摸耳垂

抚摸耳垂具有安抚自己的作用，这不仅仅是心理层面的问题，也确实可以对自己的不安情绪进行有效的安抚。许多家长在小孩子受到惊吓的时候，都会一边抚摸孩子的头部，一边温言软语地进行安抚，就是这个道理。即使是成年人，如果受到惊吓或者情绪非常糟糕的时候，亲近的人温柔地抚摸他的头部，同样能起到安慰的作用。耳垂的神经与人脑相同，抚摸脑部的安抚效果是一样的，都可以让人的情绪尽快地平复下来。

耳垂是人的脑在另一个空间的存在体现，有些脑部的疾病通过对耳垂的刺激可以得到治疗或缓解。长期地对耳垂进行揉捏，是一种非常好的健脑方法。

摸耳垂

总有那么一些涉案人员，在面对审讯的时候，当听到一些与犯罪事实有重大关联的名字或者事件的时候，都会不自觉又似乎不留痕迹地用手轻轻地触碰自己的耳朵。

这同样是人脑在接受到危险的信号后，为了安抚自己因害怕而产生的不安，所进行的力所能及的自我安抚行为。

有一个国有企业的中层领导，贪图奢华的生活，喜欢购买奢侈品。为了填补因为大肆挥霍而产生的资金缺口，他就偷偷地模仿主管财务的领导的签字，然后私自将大量的虚假发票拿到财会报销，套出单位的公款供自己享用。

当单位察觉到一段时间以来支出的费用过大，准备进行查账核实的时候，犯罪嫌疑人因为害怕东窗事发，便于深夜潜入财会室，放火将财务账簿烧毁，以达到毁灭证据、逃避惩罚的目的。

犯罪嫌疑人为了反侦查虽然事先做了充分的准备，但在纵火的慌乱中却意外地遗失了一只手套。事后，他发现手套丢失了一只，还侥幸地希望那只有可能出卖自己的手套最好是烧毁于大火之中了，或者是遗落在回来的路上了。

单位先是发现大额资金支出有问题，紧接着就蹊跷地发生了失火案，侦查员自然要对该单位与此有关联的人员进行审查。

犯罪嫌疑人因为心中早有准备，所以当侦查员对他进行问讯的时候，他镇定自若，从容不迫。侦查员提出的所有问题，他都对答如流。可是就在犯罪嫌疑人自以为毫无破绽可以顺利过关的时候，侦查员漫不经心地拿出来了那只被犯罪嫌疑人遗失的手套。那一瞬间，一直从容不迫的犯罪嫌疑人，不自觉地用手轻轻摸了一下自己的耳垂。

是啊！本来从容镇定的心，忽然被巨大的危险触动，负责人体安全的脑就会立即毫不迟疑地启动，对自己那颗感觉不安的心进行安抚。

（二）经常被人忽略的选择性失聪

选择性失聪是一种人格特征，是指人在长期的日积月累中形成的心理惯性。具有这种习惯的人喜欢沉浸在自我的内心世界中，并且自我感觉良好，在与他人交流时会不自觉地根据自己的兴趣点，来筛选是接受还是忽略外来的信息。对于喜欢听到的内容，这类人会与常人一样接听并做出反应；对于他们不感兴趣的内容，就自动地过滤掉了。你就是再怎么重复说这些内容，对于他来说也没有任何用处。

选择性失聪是一种充耳不闻的假象。

在我们日常的生活中，选择性失聪的人屡见不鲜。

想一想，是不是有这样的情况发生：当你与他人试图进行一次较为认真的交谈时，你会沮丧地发现，不论你如何真诚或努力，但对方只听他想听的内容，而你阐述的其他内容，不论这部分内容对你来讲是多么重要，对他来说又是多么必要，但对方就是充耳不闻，不为所动。

知道吗？当这种让你无可奈何的情况出现时，说明你遇到了一个具有选择性失聪人格特征的人。

选择性失聪一类的人在我们身边比比皆是，有可能我们自己就是其中的一员，只是

选择性失聪

我们自己没有意识到。要想找出谁是选择性失聪的人并不难，他们一般具有以下一些特征。

1. 主观选择

大家知道，当一个人想进行一次比较重要的交谈时，会想办法向他人传达一个或者几个经过思考的内容，希望对方能够接纳或者听取自己的观点。但是许多时候，如果你遇到的是一个具有选择性失聪特征的人，那么你会发现对方会有选择地听取你所表达的内容。也就是说，你说的话有的内容她听进去了，而有的内容不论你怎么说，到了对方的耳朵里就好像是蒸发了一样无影无踪。

选择性失聪

可见，具有选择性失聪的人在与他人交谈的时候会完全不自觉地凭借自己的内心标准来接受或者忽略外来的信息内容，而不是根据他人的期望如何去进行选择。在这种情况下，交流困难就在所难免了。

难点在于听与不听是她自己的事，而不是你能左右的，即使你再努力争取，也是没有用的。

2. 重复不被接受

有的时候，不管你出于什么样的真诚和关心向一个人进言，但你的一腔热情却没有被好好接受。于是，你会在爱心与忠诚的驱动下再三进言，但结果往往是不论你怎么样苦口婆心地进言，可是他就是听不进去，更多的时候还会惹得他对你不满意。这样下去你不但费力不讨好，而且双方还经常会为此生气，伤感情。

重复不被接受是选择性失聪的另外一个特征。

在影视作品中，我们经常会看到这样的情节：一个大臣对皇帝忠心耿耿，不顾杀头的危险冒死上奏一件什么事情，结果，虽然他的建议忠诚无比，但是皇帝就是不听。可是这个大臣就又是痛哭流涕，又是言之凿凿地反复上奏，最后惹恼了皇帝，被拉出去砍头了。临死的时候，这位大臣还在哀号自己是怎样的一片忠心，日月可鉴！但是皇帝对他照砍不误。

其实，造成悲剧的最直接原因很可能是这个可怜的大臣遇到了一个具有选择性失聪的皇帝，这样，即使这个大臣再怎么忠诚，再怎么进言，但是也都是重复不被接受。可见，这种时候只有忠诚，不懂得读心术，有可能会掉脑袋啊！

3. 固执己见

固执己见应该是人格特征中的一个典型属性。让人感到奇怪的是，这一人格特征大多出现在人到中年之后。其实，大多数的人基本上是经验主义者，因为人到中年之后，经历的成功与失败开始逐渐转化为经验，当你再遇到类似的问题时，自信心与习惯性就会把你的过往经验拿出来作为解决问题的万能钥匙，而你自己很少会注意到这钥匙是不是真的像你想象的那样百用百灵。

随着岁月的流逝，我们逐渐失去了曾经珍贵的一切，但是唯独丰富了经验。因此，否定了一个人的经验，就是否定了他的一生。

这也就是为什么当你否定一个老年人的唠叨时，他会那样的生气与不开心。

我们抛开现象看本质，人之所以会出现选择性失聪的现象，其真实的本质问题是我们的心理智商停止了成长。大多数人都很在意自己的身体在成长中所遇到的各种问题，但很少有人关心过自己的心理是否健康，更少有人注意到自己的心理是否停止了成长。说起心理停止成长，许多人还是第一次听说人的心理还有成长与停顿。

要知道人的身体在成长的过程中，会遇到各种各样的问题，需要你倍加珍惜与爱护。但你不知道的是我们的心理在成长的过程中更加需要滋润与关爱，对心理的呵护是非常不容易的。如果说对身体的呵护需要细心与物质，那么对心理的呵护需要的就是智慧与领悟。

一个健康的人应该包括身体健康与心理健康两个方面，而从某种意义上来讲，心理健康要比身体健康更为重要。譬如，有的时候一个人身体没什么毛病而心理问题成堆，那么此时的他如入地狱般备受煎熬；有的人可能身体不是很好，但心理愉悦而畅快，那么他的感受就像在天堂如沐浴春风般美好。

而心理停止成长恰恰是许多心理问题的罪魁祸首，因为心理停止成长的最直接危害性后果是认知的囿限。

认知这趟快车的刹车器就是我们的自我暗示，当一个人不再接受外来知识对自身知识体系的充实、更新时，当一个人不再动用智脑对遇到的问题进行分析、评判、决策时，当一个人总是习惯于生活在自己以往的经验中的时候，认知的大门就悄然关闭了，于是心理停止成长。

正所谓"逆水行舟，不进则退"，以弗洛伊德的理论看，人的心理停止成长后会随着岁月的流逝而出现倒退现象。

就是说不管你多么不情愿老去，但你的生理不会停止生长，这就像你无法用一根绳子拴住太阳不让它落下西山一样。而你的心智每年都会倒退，这就是所谓的退行。许多老先生老婆婆虽然外貌越来越衰老，而心智却越来越幼稚，被称为老小孩儿，就是这个道理。

既然选择性失聪是一种人格特征，而选择性失聪的人又具有选择性忽略你的观点及几乎不可被说服的特点，那么在生活中遇到这样的人，你就要有一定的耐心与之交流或者是相处。但是如果在侦查的问讯中遇到具有这样人格特征的人，无形中会给审讯工作带来障碍。

面对这种情况，应对之道是：切不可暴躁发怒，更不能进行人身攻击，否则只会带来更加严重的对立。

正确的做法是应该马上确立非常明确的对话规范，先从最简单的方式开始，比如："×××，你仔细听好了！下面我问你的话，你要马上、直接回答我。"

"你的名字？"

"你的职务？"

"你是否认识ＸＸ？"

"你讲一下与ＸＸ的交往过程。"

这种简单而又直接的问话，要求对方马上、直接回答问题，是一种有效的行为矫正方法，可以打乱选择性失聪者的惯性心理，使他们无法用早已习惯的推延与忽略习性来对抗问讯，从而破除潜在的对立，引导审讯活动按照我们的节奏正常进行。

还有一种方法就是烙印法。因为选择性失聪的人对于自己不感兴趣的内容会采取自动抹除的方式，因此，如何在他们的脑中留下痕迹就是解决问题的关键所在。

烙印法就是要在选择性失聪的人的脑中留下清晰的印迹，具体的方法是：我们把需要他思考的话说出来之后，让他马上对这句话进行重复。这种说一遍让他学着重复一遍的方法，可以很好地强化信息在他头脑中的印象，这样留下的痕迹就不容易被他习惯性地抹掉了。

（三）　侧耳倾听

虽然耳朵长在我们的头部两侧，但是正常情况下我们在倾听他人说话时，是不需要专门把耳朵对准声音来源方向的，只要我们用心听就可以清晰地知道对方都说了些什么。

但是，在实际生活中，我们会发现这样一种现象，就是在我们说话的时候，对方会突然把他的一侧耳朵特意朝向我们的方向。这就好像耳朵这个接收器的灵敏度出现了问题，不调整方向就无法听清楚你说的话似的。

其实，在你说话的时候，对方出现侧耳倾听的动作时，真的与能否听清楚你说的话关联不大，这其中是有另外的内在含义的。

警觉与挑剔才是出现侧耳倾听动作的关键因素。

1. 警觉

你的话语引起了对方的警觉，这种警觉信号是忽然出现的，说明对方根本就没有料到从你的嘴里会说出这样的话语，而显然你的话语里又有让他戒备的内容，这让他立刻对你额外注意，想看看你接下来还说什么。

警觉

2. 挑剔

挑剔是在警觉基础之上的一种升级，这种时候你说的话不只是让对方心生警惕了，而且触碰到了他的底线，让他的心里产生了对你进行挑剔的意愿。

要知道，这时他将一只耳朵侧向对着你，已经不是对你的话语感兴趣了，而是用他的肢体语言在警告你："你怎么能这样说话呢？"或者是："你刚才说的是什么？"

出现了侧耳倾听的动作，这不是一件受人欢迎的事情，如果是在平时的生活中出现这样的情况，说明你遇到了一些麻烦，对方在对你进行重新的评价，你们之间在一些核心的问题上有了巨大的分歧，对待一些原则性的问题持有不同的看法，这些你都不能等闲视之，应该引起足够的重视。

侧耳倾听的动作出现时，还有两种情况要加以区分。

一是侧耳倾听的时候闭上眼睛。闭眼是厌恶所看到的东西，不希望再见到你或者是不喜欢你的出现，就更不用说喜欢你此时说话的内容了。

二是侧耳倾听的时候眼睛忽然睁大了。这时的睁大眼睛是因为震惊而引起的，是你说话的内容引起了他内心的震惊，没有想到你竟然会说出这样的话来。正因为没有预料到，所以当你说出来的时候，他会惊讶于这竟然是你说的话，因此，他要重新审视你了。

综上所述，我们知道当有人在你面前出现侧耳倾听的肢体语言时，它的潜在含义是警觉与挑剔。

如果在日常生活中遇到了此类情况，你该马上收住话题，不要再试图喋喋不休地说服对方，因为事情已经开始向糟糕的方面发展了。如果这种时候你还看不出来眉眼高低，那么你的人际关系就堪忧了。

然而，在问讯活动中，犯罪嫌疑人出现侧耳倾听的情况时，就完全是另外一回事了。犯罪嫌疑人这个肢体语言信号的发出，不但不会让我们停止审讯活动，反而会成为我们接下来要盯住不放的切入点。我们就是要反复刺激他的警觉敏感性，使他的警觉系统始终处于忙碌状态，以至于最终他疲惫不堪。还有就是要充分利用他的不满情绪，并使这种情绪泛化，这对于压垮犯罪嫌疑人的心理防线，有着积极的促进作用。

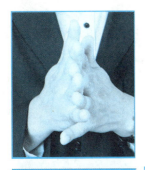

第三章 身体在说话

第一节　手的故事

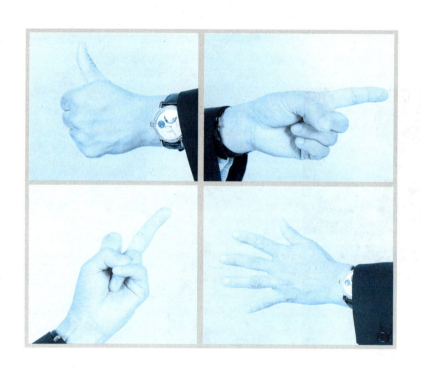

　　手是人体的重要组成部分，更是人类从事生活、生产、创造性活动的重要工具，但是被人们所忽略的是，手也是人们表达心意、表达情绪的重要途径。俗话说十指连心，这不仅仅是说手指的神经与心相连接，也是说手指具有代表心意的职能作用。

我们对一个人竖起大拇指，大家都知道那是在夸赞他；我们用食指指向一个人，那显然具有威胁性与不尊重；我们用小拇指形容一个人，含有看不起与贬低之意；而伸出中指对绝大多数国家来讲都意味着恶毒的骂人动作，被人们所共同谴责。

可见，不同的场合、不同的手势，是有着丰富多彩的含义的。那么在侦查活动中，我们注意观察人的手，会读懂哪些不为人知的秘密呢？

一　纠结的手

人在紧张不安的时候，内心的感受一般都会在手上体现出来。手与心相连，心若欢乐了，手上就能体现出来；心若是纠结了，手上同样能体现出来。因此，看一个人的手，就会知道他的心里现在处于怎样的情绪状态。

其实，人在很多时候都会出现紧张与不安的情形，比如面对陌生而又重要的人物时，比如在许多决定自己前途的面试场合，比如需要在大庭广众面前讲话的时候，比如在等候一个关系重大的事件结果时，都会让人的情绪处于紧张、焦虑、害怕之中。在这样情绪的作用下，大多数人都无法像平常那样从容淡定，往往都会在这些极端情绪的干扰下惴惴不安。

不安，就需要安抚，因为有了安抚才能慢慢平息人的情绪。如果一个人的不安情绪始终得不到有效的平复，那么这些肆虐又得不到平复的坏情绪不但会伤及他的身体，而且很容易让他的心理垮掉,使他的精神陷入崩溃的地步。

现实生活中,大多数人在身体患病前都有过不良的心理体验。

既然外界的干扰会影响我们的心情,而心情又会产生情绪,那么极端的情绪就会通过各种方式流露出来,其中手就是一个展示情绪的重要窗口。

在侦查机关办案区里,我们可以随时随地看到这种表示不安的手。有的是紧紧握着的手,有的是搓来搓去的手,有的是紧紧抓住椅子扶手的手,有的是深深埋在大腿内侧想要消失的手。

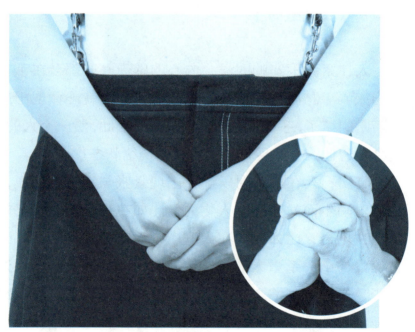

双手紧握

你会发现随着问讯内容的不同,犯罪嫌疑人的手会发生变化。如果你问讯的内容无关紧要,犯罪嫌疑人的手就会轻松自如。而如果你问讯的内容涉及关键事实,犯罪嫌疑人的手就会立即回缩紧握。

这就像是一个反应灵敏的温度计，你给它的条件是寒冷，它的水银柱立即就会下降；反之，你给它的条件是高温，它的水银柱就会马上上升。

很有意思，虽然犯罪嫌疑人坐在那里貌似若无其事，但他那傻乎乎的手，就如同皇帝的新装一样，让自以为把心事隐藏得很好的他，在我们的眼里一览无余。

注意观察犯罪嫌疑人那纠结的手，会让我们获得更多能在心理战中占优势的有价值的信息。

一是纠结的手对我们来说是一种身份指示性暗示。俗话说"事不关己，关己则乱"，不是与我们侦查的犯罪事实有关联的人，在身临我们办案区的时候，就不会有紧张与不安的心理。

内心没有慌乱的情绪，肢体上自然就没有什么有价值的线索可供观察了。而犯罪嫌疑人虽然嘴上在否认，或者是一声不吭、装傻充愣地坐在那里，但他那不知道该放在哪里的双手，那让人看着就会着急的手上动作，是在明明白白地告诉我们：他与此事有关，并且怀有一颗忐忑不安的心，此时难以平静下来。

二是纠结的手是在告诉我们犯罪嫌疑人的心理入戏程度。显然，犯罪嫌疑人在面临审讯时，心理处于什么样的防御程度，对于侦查员开展问讯活动、贯彻审讯方案意义重大，这可以让侦查员在问话的过程中真正地做到知己知彼。

双手放在两腿中间，双手手掌相对，这是信心不足的标志。当这种典型的肢体语言出现时，我们就会明白：犯罪嫌疑人的自信心不足，是一个心理素质不好的人，这样

察颜观色

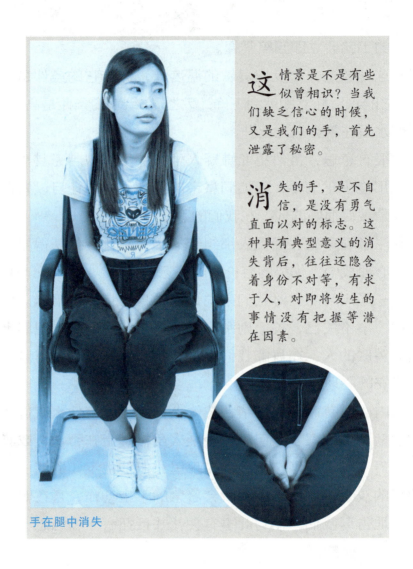

这情景是不是有些似曾相识？当我们缺乏信心的时候，又是我们的手，首先泄露了秘密。

消失的手，是不自信，是没有勇气直面以对的标志。这种具有典型意义的消失背后，往往还隐含着身份不对等，有求于人，对即将发生的事情没有把握等潜在因素。

手在腿中消失

的犯罪嫌疑人当然好突破。

　　双手紧紧握住椅子扶手的人，一方面是在极力控制自己紧张的情绪，另一方面是在极力地寻找心理依靠，妄想在绝境中寻找一根救命稻草来渡过难关。这种犯罪嫌疑人一般都比较难对付，因为他们有着强烈的侥幸心理，总是在步步为营地进行抵抗。所以，这样的犯罪嫌疑人不到最后时刻是不会缴械投降的，与他们的交锋必定是一个紧紧

双手紧握

观 察紧握椅子扶手的手，要注意它们的用力情况，手上用力越大，说明罪犯嫌疑人心理体验的压力越大。

咬住、逐渐攻克堡垒的艰苦过程。

这该是一个司空见惯的动作（见右图），我们只要稍加留意，就会经常在周边人的身上看到这个动作。用手在大腿上搓来搓去的人，一般都是涉世不深、阅历粗浅者。

这种人缺少应对复杂社会事务的经验，不善于与外人打交道，有的人还具有一定的社交恐惧症。因此，这种人遇到比较大的事情时，就会不由自主地心生恐惧，并因

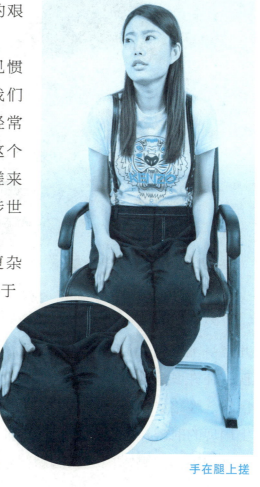
手在腿上搓

惧怕而陷于纠结状态，不知所措。

在审讯中面对这样的犯罪嫌疑人，当他出现紧张与焦虑情绪的时候，适当地进行一点语言上的疏导，会更好地促使他放下心里的包袱，选择配合我们的工作。

二　咬手指

咬手指

咬手指是一个常见的动作。在我国，一般在女性或者儿童身上经常会见到咬手指的动作。其实，细心留意会发现，在许多男性身上也会出现咬手指的动作，只不过因为民族、性格、性别等因素的影响，咬手指的现象在男性身上出现的时候，往往都是以变形的方式流露出来的。

咬手指的基本内在原因就是焦虑。焦虑是一种广泛性的心理情绪体验。人往往会不自觉地徘徊在各种事件引起的焦虑之中。

多思为虑，虑而不能解生焦，焦者必躁。

幼儿会焦虑，会因为渴望被关爱，会因为不适与惧怕得不到缓解而产生焦虑。

幼儿表达心理情绪的渠道有限。很多时候幼儿的心理需求都无法正确表达，粗心的家长也无法读懂孩子的心声，因此焦虑就不可遏制地产生了。咬手指就是幼儿在用这种肢体语言向父母述说自己的焦虑。

成年人的焦虑一般来源于对未来的担忧及不确定性事件。人会有许许多多美好的期许，但是由于能力的限制或者客观条件的制约，并不是所有的期许都能够成为现实。

一般来说，期望越大，焦虑的级别也就越高。短暂的、偶尔的焦虑没有什么，反倒可以激发人去努力并在期待中感受生活的美好。但是长久的焦虑就会噬人，因为焦虑也是一种力量，而且是一种负能量。这种力量是强大的，往往会使当事人深陷其中，难以自拔。

"衣带渐宽终不悔，为伊消得人憔悴。"就是一种生动的写照。

现实生活中，儿童及女人咬手指，一般来说表现得比较直接，使人一眼就能看出来。但是男人咬手指就相对隐蔽一些，变化多端，不易察觉。

中国男人一般很少会出现直接咬手指的现象。有的时候他们是把拇指放在嘴边，类似于进行思考或者要咳嗽似的动作。还有的人在陷入焦虑的时候，常把咬手指的动作变化成拿起一支烟来点上，放在嘴边使劲地吸。

用吸烟来缓解心里积满的焦虑情绪，是许多人排解负面情绪的习惯性选择。

 （三）　忽然静止的手

静止的手

其实关于忽然静止的手有多种多样的版本，会因人不同而不同。

但它们都会因为与关键事件有重大关联而出现。

我们知道人的一切动作都是由脑支配的，就人类的手来说，动也好，静也好，都是脑支配的结果。如果一个人的手一直在动，但是忽然间她的那只手停止不动了，那么这个停止一定是有故事的，你可千万不能忽视它。

曾经有一个基层法院的法官因为涉嫌徇私枉法罪而接

受侦查部门的审讯。该法官因为与侦查员比较熟悉，所以在办案区里的时候并不怎么紧张。正因为比较放松，因此她的手很自如地在椅子的扶手上敲着点儿。

侦查员也态度温和地与他聊着家常，偶尔会聊到她的工作。一切都是那样的随意，就像是两个老朋友在叙旧一样。忽然，侦查员很随意似的提到了一个案件当事人的名字。就在这一瞬间，法官在椅子扶手上打点儿的手指停了一下。这是一个非常不引人注意的动作，停顿的时间也就零点零几秒，不是特别留意根本就不会注意到这个完全可以被忽略的动作。

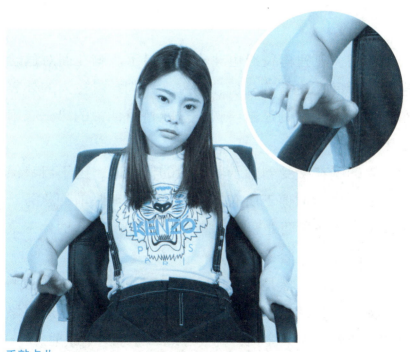

手敲点儿

但是在懂得读心术的侦查员眼中，这微不足道的一个小小停顿已经足够了。要知道侦查员那看似漫不经心释放的信息，其实是精心实施的计划。

侦查员在与法官的交谈中有大量的信息传送，但是因为这些信息都是没有价值的，因此被犯罪嫌疑人的脑接受后，没有引发紧张的警报。但是当侦查员在众多的无用信息中夹杂一个分量重大的信息时，这个背后隐藏着危机的信息立刻被犯罪嫌疑人的脑接受到，并识别出这是一个蕴含着巨大风险的信号，于是，脑马上启动警觉模式，飞速地分析、研究、评判这个信息。

然后，脑又快速地做出应对决策，犯罪嫌疑人继续装作若无其事的样子轻松地打着点儿。

但是，狐狸再狡猾也斗不过好猎手。脑在面对危险信息时于瞬间所进行的分析、研究、评判，就在人的外表上留下了手指瞬间的敲击停顿。这就是俗话说的"一心不能二用"。

人的脑在接受到预示着危险的信息时，出于自我保护的需要，要暂时停下所有的工作，来处理眼前的急务。当脑有紧急要务需要处理时，别的闲杂事情只能暂时停下来，等待脑的进一步指令。

这种暂停虽然是短暂的，但是因为没有了来自脑的命令，人的一切活动都无法进行。上述案例中法官原来悠闲打点儿的手出现了停顿，就极好地印证了这个原理。

许多人在分心的时候都会出现语言停顿、神情发呆和短暂失忆的现象，究其原因，是脑接到警报需要处理紧急要务所致。

正是这看似不起眼的线索，告诉我们刚刚对方出现停顿的地方，就是他的内心觉察出危险的地方，这个引起停顿的信息点，就是我们在接下来的时间里要重点使用火力进攻的侧重之处。

生活是丰富多彩、千变万化的，静止的手出现在审讯中的时候也是形式各异的，在这里不能一一赘述。静止就是内在的警觉，对于这个警觉点侦查员不能视而不见。

另外，这一案例是从另一个不同的视角来告诉我们，忽然静止的手在审讯中出现的时候，它的背后究竟隐藏着的是怎样的一个秘密。

乔某是一个普通工人，他的妻子因病去世后，领着一个孩子过日子的乔某感到非常吃力，于是，经人介绍又娶了周边乡村的一个姑娘香子。

香子很满意能嫁给一个不用怎么出力一个月就能挣几千块钱的丈夫，因此，每天安心在家操持家务的香子唯一的心愿就是能生一个属于自己的孩子。但是乔某不同意再生孩子，认为凭自己一个月那点工资，养活三口人已经有点费劲了，如果家里再添人口，自己那点微薄的工资怕是难以维持生活。

一天，正在上班的乔某接到孩子小刚的班主任打来的电话，说他的儿子小刚旷课好几天了，问做家长的他是否知道。乔某听说儿子又旷课了，立即火冒三丈，决心要好好教训教训自己这个不争气的儿子。可是家里、邻居、周围都找遍了，也没有儿子小刚的影子。他想小刚一定是在

奶奶家玩疯了，不但忘了上学也忘了应该回家，于是，他风风火火地赶到母亲家。没想到母亲一见面就问他，自己的孙子小刚怎么好长时间没来看她了。

这时，乔某有点懵了，知道儿子是失踪了，于是发动自己的亲友四处寻找。几天后，在附近的一个废弃的砖窑里，大家找到了已经死去的小学三年级学生小刚。

小刚的脖子上套着一根绳子，一看就是被人勒死的，于是，乔某马上报了案。

对于这类案件，基本的办案程序就是对乔某的家庭利害关系人进行摸排，而小刚的继母香子肯定是必须约谈的对象。但与香子的几次谈话都平平淡淡，没有任何价值。据香子说，小刚失踪的那天没有什么特别值得注意的事情发生，早晨小刚和他爸爸吃完早饭后就都走了，她在家收拾家务。中午乔某在单位食堂吃饭不回来，只有小刚回家吃完饭后说要找同学去玩，然后下午直接去上学，之后就再也没有见过小刚。她以为小刚是去奶奶家待几天呢，因为小刚以前也经常去奶奶家，一住就是好几天。

法医的尸检报告证实了香子的说法，经过鉴定，小刚胃中的残留物与香子说的午饭所吃的食物相吻合。

一切都很正常，一切都没有什么异样，案件的侦破陷入了停滞不前的困境。

困顿中的侦查员焦躁而烦闷，觉得既然所有的环节都没有问题，那是不是这些看似没有问题的环节中其实被忽略了什么？于是，侦查员按照案发当天的时间顺序，对案件所有的环节，所有当事人的叙述一一进行回忆。

突然间侦查员的脑中似乎是触碰到了什么，是什么呢？

经过一番思索，他发现小刚的继母香子在陈述事情的经过的时候，她的什么地方似乎有点不对劲。

于是，侦查员又做了精心的准备，然后传来了小刚的继母香子，让她再讲讲小刚失踪那天的事情经过。

这是一个讲了好多遍的事情了，香子像往常一样边说边比画地述说着，当她讲到那天小刚中午吃完饭后，说要去找同学玩，然后下午直接去上学时，她的那双正在比画的手略微地停顿了一下，然后就又开始讲那老生常谈的过去的事。

是的，就是这双略微停顿的手，引起了侦查员的警觉。是什么让那原本挥动自如的双手出现了停顿呢？与香子在整个案件中的叙述相比，只有这个停顿让人感觉有那么一点点别扭。而香子的双手出现停顿的时间，正是她在讲述死者小刚吃完午饭后要离开家的时间节点。

于是，侦查员把侦破案件的注意力重新集中到小刚中午回家吃饭的环节。经过不懈的努力，案件终于告破了。

香子因为想有一个属于自己的孩子，而觉得小刚是一个巨大的障碍，于是在那个燥热的中午，找来在附近施工的同村老乡，把刚吃完饭的小刚勒死后丢到废弃的砖窑里。

从小刚吃完午饭到被勒死的短短十几分钟的时间，是香子永远的噩梦，她为此精心编造了关于这一段时间的谎言。虽然谎言编造得好像天衣无缝，但每当她被问讯的时候，说到此处时心里都会不由自主地感到害怕。心里的恐惧自然引发了人的防御机制，表现在外部就是那略微出现的与语言脱节的静止的手。

静止在审讯中经常遇见，情况也各不相同：有的是因为敏感的名字而引起警觉；有的是因为敏感的事件而引起警觉；还有的是因为敏感的物品而引起警觉。

　　总之，静止是因为脑被具有威胁性的信息刺激，而引发了防御性的警觉，这种警觉对于确保人的安全至关重要。如果没有这种防御机制，无论是在洪荒的原始社会，还是在发达的现代社会，人都会于懵懵懂懂中，遭遇更多的危险劫难而不察觉。而有了这种对危险的防御机制，人就能对潜在的或者即将发生的危险有所察觉和警惕，这种功能对于确保人类的生存意义重大。

　　但事物都有其正、反两方面的属性，人类的脑接受到威胁性信息后启动防御机制的功能在百万年的进化中为了保护人类的自身安全立下了汗马功劳，但是这一显著的自保功能，在犯罪案件的侦破中，却使众多犯罪嫌疑人难以逃避地败走麦城，这正应了那句话：造化弄人！

（四）　男女也有别

　　肢体语言是人类的另一种语言。从某种程度上来讲，肢体语言可能比语言更加丰富多彩。虽然人类男、女共同生活在一个时空内，但是因为性别的不同，有的时候相同的一个肢体语言，却体现着完全不同的内涵。

　　肢体语言不但因人而异，也因民族文化、风俗等不同而有差异，外域民族的肢体语言一般要比我们华夏民族的更加丰富，女性的肢体语言一般要比男性的肢体语言多一些，这些差异与我们所受的教化及生活习性不无关系。

1. 抱臂

抱臂在日常生活中司空见惯，几乎没有人注意到它有什么特别的含义，但是如果我们把这个肢体语言放在特定的环境中，这个抱臂就会有不同的解释。

男、女抱臂

在特定的条件下，男人抱臂一般是自信的标志。当一个男人抱臂的时候，往往是他对此时的环境、话题、人物、事件比较有信心，感觉自己可以自如应对；但是当一个女人出现抱臂的肢体语言时，其内心的感受可能与男人正好相反，她此时可能对所面临的环境、话题、人物、事件因不熟悉或者反感而自然而然地产生些许的戒备之心。

在审讯的特定环境中，男人出现抱臂动作的情况屡见不鲜，但是同样的一个抱臂动作，其意义也不尽相同，这应该引起我们的注意。

（1）抱臂而高抬下巴

这里乍看抱臂这个动作（见下图），既明显又张扬，给人以嚣张跋扈的感觉，其实这里面还有一个不显山不露水的线索——下巴。

男抱臂高抬下巴

抱臂可以是自信，也可以是防御，更可以是傲慢加拒绝。这中间的分寸是要看抱臂之外的其他线索是怎么样搭配的。之所以说这里面的下巴是一个重要线索，是因为下巴通心，能更直接地表达心意。有的时候我们什么都不看，仅仅看那个高高抬起来的下巴，就足以说明对方那傲慢的心理。再配上明目张胆端起来的抱臂，那就是十足的傲慢加拒绝了。

这样的情形出现时，审讯工作是没有办法进行的，因为对方的心理高高在上，一副盛气凌人的架势。这是在审讯中心理制高点被抢占的倒置，是绝对不应该在审讯环节中出现的情况。一旦遇到这种情况，指挥员必须马上停止审讯活动，查找问题出现的原因，并立即加以调整。

有一个级别比较高的官员因为涉嫌受贿、滥用职权等犯罪而被传唤到办案区接受审讯。虽然审讯的方案是经过详细研究论证过的，但是审讯进行了相当长一段时间后，却并没有出现任何预期的进展。

面对这样的结果，指挥员有点着急，侦查员也一筹莫展。问题究竟出在哪里呢？大家一时之间都陷入了焦虑之中。后来，指挥员在观看审讯的视频监控时发现了一点线索，他看见那个曾经位高权重的官员，在面对侦查员的审讯的时候，绝大多数的时间都是双手抱臂，略微斜着身子，高高地抬起他那紧绷的下巴坐在那里。

于是，案件的指挥员亲自来到审讯现场，聆听侦查员的审讯。他发现侦查员每次发问的时候，都会不自觉地叫那位官员的官衔。是了！这就是问题的症结所在。犯罪嫌疑人曾经是位高权重的官员，早已经习惯了人们对他毕恭毕敬的称呼。现在他虽然来到侦查机关的办案区，也知道自己恐怕要面临牢狱之灾，但是每当审讯人员称呼他的官职的时候，他的自信心和自豪感就油然而生。在这种强势心理的作用下，他一方面给自己打气，觉得没有什么了不起的事情；另一方面，他觉得眼前的侦查员仿佛不值得太放在心上，这种心理作用体现出来就是他那高高抬起来的下巴和那微微倾斜的身姿。而此时他那抱臂的肢体语言，就是在这种心理支配下的一种强势拒绝。

不屑、拒绝、强势心理都是不应该出现在审讯中的，但在上述案例中偏偏就出现了。审讯中出现这些不应该有的情况时必须立即叫停，再进行下去已经没有意义。

在这个案例中，审讯停止后经过了解发现，审讯人员曾经在该官员的领导下工作过，并得到过些许的照顾，因此在审讯中有些放不开手脚，以至在称呼上还沿用尊称，这无形中给涉嫌犯罪的人释放了错误信号，造成了双方心理上的角色错觉，使审讯偏离了正常的轨道。

（2）抱臂，脚画圈

这是泛而说之，就是说有的犯罪嫌疑人被审讯时，双手抱着臂膀，脚上却在画着圈（有的人是颠脚，有的人是脚在扭动），这里的意义与上面说到的相比当然又有不同。

在这里抱臂是自负与拒绝，而脚上的动作是内心活动的外在表现。

王某，是一个施工企业的老板。前几年施工的活不好承揽的时候，她为了能把一些工程弄到手就用钱开路，在与甲方负责人商谈承揽工程的时候，她直接按照工程造价的 5% 把现金送给甲方负责人，这样她每次出手基本上都能搞定。

王某心思缜密，做事小心谨慎，从资金的筹集、包装到与甲方的见面都是经过慎重考虑的，可以说是滴水不漏。

在王某被侦查机关传讯到办案区后，她先是一字不说，只是细致地听侦查员说的每一句话。后来她听明白是让她讲是否有行贿的行为时，略一思索就毫不犹豫地交代了一个因为想承揽工程而行贿的事实。然后王某就保持缄默，态度坦

抱臂时用脚在地上画圈

然，不再说什么。

经验告诉侦查员，王某是在丢卒保车，她所涉嫌行贿的事实绝对不是这一笔这么简单。但看着王某抱臂的双手，看着她淡然的神色，看着她用脚在地上不紧不慢地画着圈儿，侦查员知道这家伙此时心里是有恃无恐的。

后来，虽然又经过一番努力，但审讯依然没有进展，只能到此为止。

问讯结束后，有一次，在某个场合王某遇到了办案人员，因为王某与办案人员并不陌生，所以在闲聊的时候说："我刚来的时候心里有点懵，不知道你们找我干什么。但当我弄清楚是让我谈因为承揽工程而给他人行贿的事实时，我就快速地把自己这几年办的事在脑海里过了一遍。

我这个人做事比较低调，办什么事一般都是亲力亲为，所以经我手办的事别人不可能知道。既然那天你们找我来让我说明在承揽工程中存在的违法情况，那一定是我在什么地方出现了纰漏。经过回忆，我马上想起来有一次我因为身体不适，就没有自己开车去办事，而是让公司的一个司机开车载我去办事，这种情况仅此一次。后来这个司机因为在给公司的车辆加油的时候，经常虚开发票为自己家里买东西被我给辞退了，他因此对我心存恨意。因为那次是他开车陪我去送钱办事的，所以你们找我了解情况时，我当然就判断出一定是这个司机把载我办事的经过告诉给你们了。"

应该说王某是一个十分精明的人，他靠行贿承揽工程的事当然也不可能就像他说的那样仅此一次。但其他的事情都是他一个人所为，都是一对一的事情。

从事职务犯罪侦查的人都知道，侦查工作中办案难度最大的案件就是贿赂案件。别看好多人平时吹嘘自己办理过多少多少案件，办理过多大高官的案件，办理过多大数额的案件，其实那都是吓唬人的。真正看水平比智慧的侦查功夫就是查办贿赂案件。因为贿赂案件发生案件事实的时候一般都是一对一进行的，没有更多的直接证据可供收取，间接证据也稀少，很难形成法庭诉讼中所要求达到的证据链条完整的条件。

所以内行人从侦查的角度来论，即使是一个刚刚达到立案标准的小贿赂案件，谁能把它办理得事实清晰、证据确凿、形成链条，让犯罪嫌疑人哑口无言地认罪服法，就足以证明他是真正的侦查高手。

上面案例中的王某靠行贿而承揽工程，但是因为她行事缜密，所以她所做的事情外人绝难知晓。她也正是明白这一点，才有恃无恐地交代完自认为可能有纰漏的事实后，就怡然自得地待在那里再不谈论其他的事情。

案例中的王某因为心里有底了，所以就打定主意不再讲其他的事实，这种心理表现出来的时候就是她那高高架起来的抱臂。王某因为不想讲其他的事实，心里也清楚自己不讲别人就无法知晓，于是思路就不跟着侦查员的引导走了，此时她的心理意图流露在外，就是那自顾自的用脚画圈儿了。

这两种肢体语言混合在一起，说明对方有了充分的心理准备，如果侦查员拿不出来令她绝对信服的证据，审讯是无法进行下去的。

（3）抱臂躲避

所谓的抱臂躲避，就是说犯罪嫌疑人是双手抱臂，但是没有高高抬起来的下巴，也没有自顾自的脚上动作，而是表现出一种比较猥琐的好像是蜷缩在那里的样子。

一般来说，强势心理作用下的抱臂，是在展示心理上的正面性，所以这时犯罪嫌疑人的坐姿都是挺直的，或者与侦查员对视，或者有些不屑一顾地侧着身子。

对抗心理作用下的抱臂，体现的其实是拒绝，是对抗心理的外在表现。那这种时刻的抱臂更是一种阻止，诉说的内心意图是拒绝侦查员的问讯，阻止他人与自己交流。

而我们所说的抱臂躲避这种特殊的肢体语言，显然与此并不相同。它与其他抱臂的区别是：一、不敢正视侦查员；二、身

抱臂躲避

除局部的细节外，从整体上看，我们就能明显地感觉到她在躲避什么。

当然，犯罪嫌疑人可能没有意识到自己是在躲避心里感受到的危险源。

体伸不直；三、双腿一般成并拢状；四、双脚回收；五、抱臂的动作缺少力量感。

知道了这些，我们不难看出这是一种因缺乏信心而产生的逃避心理，犯罪嫌疑人此时对局势完全没有把握，对身处的场所心生畏惧，极度的恐慌让她只想逃避却偏偏无处可逃。

遇到这种情况的时候，显然是侦查员应该趁热打铁的大好时机，千万不能错失良机。

（4）女性抱臂

与男性抱臂不同的是，女性抱臂并不像男性抱臂那样与心理正面感受直接有关。女性因为本身就对陌生与危险具有防范心理，因此女性在审讯环节出现抱臂的时候，可能体现的是双重的警觉与拒止，这对于侦查员来说是一种麻烦。

负面心理出现双重信息的时候是一种加重，这种因为叠加而加重的心理堡垒就如同一个被重兵把守的要塞，想要攻克它，难度可想而知。

审讯中遇到女性抱臂，一般情况下都是很难对付的。在问讯中如果没有必要的、有分量的证据作为支撑，审讯就很难取得进展。

在对付这种层层设

女性抱臂

防、抗拒心理严重的犯罪嫌疑人时，有一种审讯方法是值得借鉴的，那就是层层递进法。

第一，时间递进。

所谓的时间递进就是从案件发生的时间顺序入手，按照时间流逝的顺序所产生的事件对犯罪嫌疑人进行问讯，这样一个时间节点一个时间节点地往下推，最后把问题的关键点推演出来，让犯罪嫌疑人无路可退。

第二，关系递进。

有些案件涉及的当事人比较多，但细心分析会发现这些人物之间其实存在着内在的关联性。而这些人之间的关联性对最后犯罪事实的形成至关重要，因此，把这些人之间的人物关系及他们之间与事件的利害情况梳理清楚，就可以为顺利的审讯突破奠定良好的基础。

第三，事件递进。

在一些犯罪事实比较复杂的案件中，事件是由小到大、由轻到重、由简到繁逐渐发展的，所以按照事件的顺序及关联进行逼问，也是突破防范心理严重者的一剂良方。

不论是哪一种递进方法，它都是用步步紧逼来破解对方苦心经营的步步为营之策的。一个一个地突破，一个一个地攻城拔寨，最后让犯罪嫌疑人无路可退，无处可逃。

但是真正的审讯活动千变万化，所面对的情况也是千差万别，不可能故步自封地只用一种方法，也不可能有一招制敌的万能法宝可放之四海而皆准。再好的策略也要具体问题具体分析，要根据犯罪嫌疑人的具体情况灵活施策。

递进法也是如此，有时可能是单一的一策就可以搞定难题，而有的时候可能需要综合使用，才能起到攻坚克难的制胜作用。

使用递进法进行审讯的关键点是逻辑关系的严谨性，就是要从最外围的、最开始的、最不起眼的、最不容易引起犯罪嫌疑人警觉的地方入手，层层递进地层层剥开犯罪嫌疑人的心理保护层，最终直达问题的核心时，那核心其实已经大白于天下，无法防守了。

这种步步为营、层层剥离的审讯，是对付防守意识重、防守严密的犯罪嫌疑人的有效方法，它会让犯罪嫌疑人感觉在一步步的退缩中，自己不知不觉地被逼死在角落里，再也无法退却，只能缴械。

2. 手的位置

在当前绝大多数类型的办案区里，因为种种因素的限制，犯罪嫌疑人的活动会受到一定影响。这种情况下留给我们观察的线索也会相应地减少，但是就在这不多的可供观察的线索中，细心揣摩还是会有所斩获的。

在屈指可数的可供观察的线索中，手无疑是我们应该观察的一个重点，因为它会忠实地、源源不断地向我们反映犯罪嫌疑人的真实情绪状况。

人在说话的时候，脑一直没有停止进行监测。没有什么值得关注的事情时，脑就放任人的行为，使其进行自由自在的活动。但是一旦出现不真实的话语，脑的监测机构就会立即发出信号进行预警。

有的时候人在说谎话时，手会不自觉地微微向外翻。这是一个预示着说谎的标志，细观察会发现给人的感觉是手在背离心的方向。

手 总是想方设法地与心搞好关系，希望做到言行一致。

但 是当心中有鬼，做不真实的表述时，手就会不自觉地逃离心，就好像是厌恶说谎者，要尽可能地远离。

手的忠诚度不容置疑，它几乎不会撒谎。无论面对什么样的问题，它始终都是一个诚实的"好孩子"，总是在第一时间内，就把它的主人心理紧张与否、害怕与否、纠结与否、不诚实与否的信息告诉我们。尽管手的主人这个时候可能还在极力地掩饰什么，他可能什么也没有说，抑或是他说的是什么天花乱坠之类的内容，但是他的手却毫不留情地揭示出了他想隐瞒的真相。

（1）女高男低意义不同

一般来讲，在问讯的时候，接受问讯的女性的手势比较高，而男性的手势比较低。如果我们以腰部作为一个衡量基点，许多女性的手会在腰部以上出现，而男性的手有动作的时候一般很少有人会出现在腰部以上。

这种时候手上的动作大多数都是因为紧张、焦虑、压力而出现的，如紧攥拳、绞手指、搓手和捏手指。在这里紧攥拳和搓手两种肢体语言男、女都会出现，而绞手指的动作似乎是只有女性才会出现，它可能是女性的一种专利吧！

绞手指是纠结的心在外部世界的表现，是女性在面临巨大压力或者重大利益割舍时内心的纠结。

而搓手基本上是男、女通用的一种肢体语言。有的人

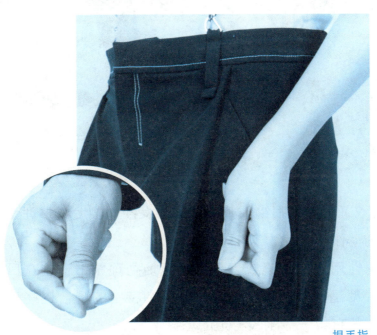

捏手指

是把两只手在裤子上搓，有的人是把两只手放在大腿的侧面搓，还有的人是把两只手夹在大腿的内侧搓。其中，将双手放在大腿的内侧夹着搓的人，情绪最脆弱，心理素质最差，最容易被攻破。

搓手的肢体语言基本上只出现在审讯的初始阶段。当审讯取得突破的时候，这种带有阶段性标志的肢体语言就看不到了。

搓手

（2）男性扶眼镜或整理领带，女性撩头发或整理丝巾之类的动作

男性用手扶眼镜或者是不经意地整理领带，这在日常生活中都是再正常不过的事情，但在特定的场合这些日常的动作却有着一些比较特定的意义指向。

扶眼镜　　　　　　　　　　　　　摸领带

　　扶眼镜一般出现在侦查员所讯问的事情对于犯罪嫌疑人来说是非常不名誉的，不论什么时候提起这些事情都会在他的心里引起不愉快。这种心理上的不愉快会生成一种极大的负面情绪，要知道，一般人若修为不够是无法控制自己情绪的，因为对情绪的有效控制是智慧作用下的一种能力。而常人因为不懂得驾驭情绪，情绪冲出内心后就会表现为微表情或者肢体语言展现给他人。

　　扶眼镜就是不愉快情绪的外在表现，代表不满与反感。只不过此时此刻他没有办法发泄。

　　说到这里大家就知道了，如果在日常的生活或者工作中，你在说话的时候，你的言语或者行为让对方做出扶眼镜的动作，你该及时停止了，应该马上调整自己的言行内容了。因为对方虽然嘴上没有说什么，但是他的肢体语言已经非常明确地告诉你：你说得不对，他不认可你的观点；或者你的行为让他有些反感，他在这件事情上有一定的看法，最起码他此时还没有赞同你的观点。

但是，在特定的审讯环境中就是另外一回事了，我们的审讯信息引起了犯罪嫌疑人的不满与反感，这正是我们预期所要达到的目的。我们就是要引起犯罪嫌疑人的情绪激荡，我们就是要让犯罪嫌疑人心里失去平衡，这样我们才能掌握审讯心理的制高点，引导审讯活动走向成功。

用手撩头发是女性独有的一种肢体语言，也是日常生活中极其普遍的一个动作。女性留长发者多，用手撩头发既是一种止痒行为，也是防止头发阻挡视线的习惯动作。还有的女性把这个动作当作一种潇洒的举止来展现自己的魅力。

还是那句话，这一普通的肢体语言，在办案区里出现的时候，我们可以把它解读为不安与不悦！就是说心里因为轻微的惊慌而引起的不安，或者是因为不满而不悦。

撩头发

显然，审讯人员方才提到的事情对眼前的女性犯罪嫌疑人来说是具有威胁性的，这种带有威胁性的问题使她的心理产生了一定的惊慌及不愉快的感受，因为她无法平复自己因惊慌而生成的不安情绪，因此就会情不自禁地进行自我安抚。那轻轻地一撩自己的头发，就是对因惊慌引起的不安的安抚。

　　男性的领带与女性的丝巾都是寻常之物，对它们进行整理自然也是常规之事。但是对于一个优秀的侦查员来说，侦查活动中即使是最平常的事情，也可能蕴含着有意义的内容。

　　审讯是审讯者与被审讯者双方不断有计划、有预谋地释放信息的一个过程，而审讯的结果就是各种信息释放与谋略综合应用的结果。

　　审讯中并不是每一个信息释放后都能马上收到我们预期的反馈，因为我们释放的信息需要作用在犯罪嫌疑人的身上，这不但需要他的接受与评判，更多的时候需要这些信息在他的心理产生反应。而这个心理反应除针对性强以外，是需要慢慢积累的。

　　正因为需要这种看不见摸不到的渐变，所以在外行人看来审讯好像是在一瞬间就突破了，但内行人心里清楚，没有之前大量信息的积累，眼前的突变式的突破是不可能实现的。

　　具有攻击性的信息是有压迫性的。一次次地攻击，一次次地对犯罪嫌疑人的心理进行压迫，这种由不断的量变到最终出现质变的过程，就是审讯所要经历的过程，所要达到的效果。

　　男性摸领带与女性摸丝巾的表象背后其实是因为心里

感觉到了不安而不自觉地想转移自己的注意力，从而达到减轻不安情绪困扰的目的。

这里所说的不安当然是由于侦查员的问讯内容引发的了。对于接受审讯的犯罪嫌疑人来说，因为在侦查员的问讯内容中察觉到了危险，而又不想面对这种危险的时候，最自然的选择就是远离危险。大家知道我们逃离危险源的方法有很多，但在一些特定的时间内并不是你想怎么样就能怎么样，就是说许多时候你并不能随心所欲。比如犯罪嫌疑人在接受审讯的时候，当他的内心感受到危险来临，不自觉地想远离危险的时候，往往是他并不能马上真的实现逃离当前困境的愿望。法律的威严与司法机关的强制力会让他不得不留在原地面对源源不断的危险袭来。

摸项链

这样问题就来了：一方面他感觉到了危险的来临，内心产生想要躲避的愿望；另一方面他又清醒地意识到自己必须原地不动地面对那些危险源。这种感觉与认识上的巨大反差，让人的心里因为纠结而不知所措。

所以，就有了平白无故地去整理自己的领带或者丝巾的肢体语言。

　　须要指出的是，这一肢体语言所揭示的是犯罪嫌疑人面对危险源的时候，流露出来的一种比较轻微的躲避心理。只是提示侦查员进攻的方向是对的，选择的切入点也是正确无误的，下一步要做的就是如何加强火力进攻。

3．卷袖子

　　反复地把衣服的袖子卷起来又放下，是一种一看起来就让人心里非常闹腾的肢体语言。别人看了都会闹心，更何况是当事人自己了。

撸衣袖

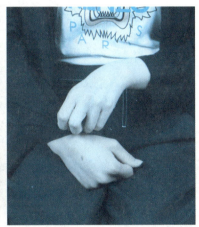
放下衣袖

　　某政府机关的局长代某，有一次负责并参与机关招录公务员的活动。考生陈某的父亲为了让儿子能顺利被录用，便对代某进行贿赂。

　　侦查机关将代某传讯到办案区后，代某觉得收受陈某给予的贿赂是天知地知而外人不知道的事，对于这种只有代某与陈某知晓的事情，即使陈某做了交代，但是代某若是一口咬定不交代，神仙也拿他没有办法。所以代某的态度非常蛮横，拒不配合侦查机关的问讯。

但是代某并不知道，此案的侦查员事先做了大量的外围工作，不但将陈某行贿的事实证词收取到位，而且将陈某用于行贿的资金来源及包装物也已经查证清楚，并且还把陪同陈某去送钱的旁证人员的证词也一一收取到手。更令代某意想不到的是，他第二天把收取的贿赂款拿到储蓄所存储的单据也被侦查机关调取到手。

因此，当侦查员将证据一点点地展示出来的时候，代某由原来的态度蛮横渐渐地变成面目肃穆、少语，由原来的大声申辩，到开始出现不断地、反复地卷起自己的衣袖，又放下自己的衣袖的情形。

谁都能看出来此时代某的动作已杂乱无章，谁都能感觉到他此时此刻内心正在承受着空前的煎熬。

这种不自觉又不断地把自己的衣袖卷起来又放下的动作，用一个最准确的词来形容就是：手足无措。

是啊！当一个人本来对一件至关重要的事情充满信心，可是忽然发现原来的种种准备全无用处，原本以为安全的自己忽然暴露在巨大的危险面前时，内心对当前危险局势的茫然，对事件后果的恐惧，对应对策略的茫然失措，必然导致当事人陷入极度的紧张不安与无所适从中。此时此刻，当事人往往纠结于是低头服输，接受自己因为恐惧而不愿意面对的现实结果，还是继续做无谓的抵抗，做困兽之斗。

正是这种残酷的现实与内心极度的纠结，形成了我们所见到的机械的、重复的、单调的肢体语言。

实际上这种特殊的肢体语言在侦查中出现的时候，一般有这样几个特点：第一，这种肢语言一般出现在审讯进行到关键时刻，也就是犯罪嫌疑人被证据逼到了角落里，已经没有任何退路的时候；第二，此时此刻的犯罪嫌疑人正在做激烈的内心斗争，继续挣扎已经没有任何希望，就此放弃抵抗束手被擒，又实在是心有不甘，而且自己也不敢面对即将到来的危险；第三，伴随着这种肢体语言出现的还有口渴、眼神茫然等微表情。

4. 手的力度

在一些特定的条件下，手上的用力程度代表了内心的情绪激烈程度：手上体现出来的力量越大，他的内心此时承受的压力就越大。

心不会说话，但是人的心无时无刻不在体会着我们因为各种遭遇而产生的五味杂陈的感觉。不能通过言语来表达自己丰富感受的心，却是极具智慧的，会通过各种各样的非言语行为来表达自己的感受及承受的压力程度。而人的手在情绪的作用下，会不自觉地通过自我用力来表达心理的情绪程度，也会试图通过手上对力度的释放，来缓解心理承受的种种压力。

因此，我们通过观察犯罪嫌疑人对手用力的程度，就可以判断出犯罪嫌疑人此时心理感受不良情绪的压力程度与心中的真实意向。

　　有一个国企主管设备采购的蔡处长，人称"雁过拔毛"似的干部。此人贪心极大，凡是经他手采购的设备，要是得不到好处，是绝对过不了关的。

　　在一次企业大型设备更新升级的采购过程中，蔡处长处处设置障碍，层层进行盘剥，狠狠地捞了几笔。

　　因为企业进行的是大型的综合性采购，涉及的乙方供货单位比较多，自然会出现"旱涝"不均的现象，于是，有人对蔡某利用职务之便大肆索取贿赂的行为进行举报。

　　初查工作是在极其秘密的情况下开展的。可能由于蔡某确实是品行卑劣、做事卑鄙的原因，没用多长时间侦查机关就收集到了蔡某在设备采购活动中大量索要贿赂的犯罪事实。

　　对自己所处险境一无所知的蔡某是在酒桌上被侦查员直接带走的。当端着酒杯正春风得意侃侃而谈的蔡某被侦查员带离酒店的时候，他本人完全被这突如其来的情况弄蒙了。蔡某被带到办案区后，侦查员对呆若木鸡的蔡某宣读完他所拥有的权利与义务后，让他交代自己在履行职责的过程当中，是否有什么违法犯罪的事实时，他还如坠云雾般地出现了幻听现象，完全不知道侦查员都跟他说了些什么。

　　于是，侦查员用缓慢而清晰的语言再次重复要求后，面色紧张而又麻木的蔡某不自觉地用手紧紧地捏住衣襟的下摆在那里暗暗地使劲儿。

　　这里有两个线索非常值得关注，一是蔡某用手捏衣襟

捏衣襟

的力度。力度说明程度，手上的力度越大，说明犯罪嫌疑人此时心里体会的情绪压力越大。如果犯罪嫌疑人是不知不觉地暗暗用力，手因为用力太大而不过血了，手上的皮肤出现发白的迹象时，说明他此时因为心理压力过大，自己已经没有能力控制自己了，这是人的心理面临崩溃边缘的信号。二是要看犯罪嫌疑人手所处的位置。这里所说的位置是说人的手此时此刻所处的位置的高与低。手在身体上出现的位置较高，说明犯罪嫌疑人心里的底气尚高，距离心理防线崩溃还有相当长的距离。而如果他的手在身体上出现的位置较低（比如本案例中所说的蔡某，他的手出现在衣襟的下摆处，这当然是非常低的位置了），那么我们可以判断出此时他的情绪非常低落，心理防线也十分脆弱。处于这个阶段的犯罪嫌疑人距离最后缴械投降仅有一步之遥。

可见，在这里我们要把犯罪嫌疑人手上暴露给我们的线索串联起来解读，才会更加有意义。

就这个案例来说，手所处的位置说明了犯罪嫌疑人心里底气的高低程度；手上的用力程度，说明犯罪嫌疑人此时内心感受情绪的激烈程度。把这两个动作串联起来解读的话，如果犯罪嫌疑人的手处在身体的较高位置，而手上的用力不大，那么说明犯罪嫌疑人只是感受到了轻度的情绪波动，他此时还可以承受内心所面对的压力。突破这样的犯罪嫌疑人的心理防线，我们还要做许多的工作，更需要较长的时间来对他进行施压。

正如案例中所描述的那样，如果犯罪嫌疑人的手放在身体的较低处，这时的他又没有办法控制自己的情绪压力，不自觉地暗暗用力，以至于外人都能看见他的手用力的程度，那么突破他的心理防线就是举手之劳了。

（五）　强者的名片

读心术所研究的行为心理学内容涉猎面极为广泛，基本上人的所有肢体语言及微表情都在研究范围之内。但是研究在侦查犯罪活动中，如何解读犯罪嫌疑人的微反应这一局部环节，我们会更多地把注意力集中在研究犯罪嫌疑人的负面心理反应这个线索上，而不太在意研究犯罪嫌疑人的正面心理情绪。

出现重视负面心理、轻视正面心理这种厚此薄彼的现象，就是因为我们面对的涉嫌犯罪的人，当他身处办案区的时候，往往是他人生的最低谷时刻，他所面对的人与事件都是他最不愿意面对的，而他不得不面对的困境对他来讲全都是濒临绝境的致命体验，是对他的命运起决定性作用的时刻。许多人前一分钟可能还是骄傲的成功者，而后一分钟就可能沦落为可悲的阶下囚，在人生的舞台上面临演出失败而被逐出舞台的局面。

但是重视对负面心理情绪的研究，不等于对正面心理情绪就可以完全忽略，因为有的时候，有的正面心理线索也必须引起侦查员的重视，否则会给侦查工作带来麻烦和不利。

塔形手是一种通用型的肢体语言，这种有趣的动作在世界各地的人群中都可以看到。它是成功、地位、信心、尊贵的标识。

塔形手

有人说三角形在自然界中并不多见，如果出现也都与稳定、牢固、威慑有关。而日常的生活，中塔形手往往只出现在那些成功者的身上。反之，在那些涉世不深的人，那些失败者，那些处在起步的初始阶段或者是正处在人生艰难跋涉阶段的人身上，你是绝对不会看到塔形手这种肢体语言出现的。

自然流露出的动作才可以称为肢体语言，不是自然流露出的而是有意为之的动作只能称其为表演。

塔形手的出现，必须有稳定的、牢固的、实力的基础心理才会不自觉地产生，因此，我们才把塔形手看作是强者的标志。在生活中别人是怎样的强者，有着怎样的强势与自信心与我们无关，但是如果犯罪嫌疑人在我们的面前展示什么强势心理，显然就与我们有关了。正因为如此，我们才不能允许在问讯环节里出现塔形手。

侦查活动中的审讯环节也可以看作是一个审讯者与被审讯者的心理较量过程，在这个过程中抢占心理的制高点显然非常重要。一个优秀的侦查员要做到的就是在抢占心理制高点之后，有节奏有层次地引导审讯活动逐步展开。

现实侦查工作中，在两种情况下，稍不注意就会让犯罪嫌疑人反客为主抢占了审讯活动的心理制高点，使审讯人员在心理上处于不利的位置。

1. 实力因素

就是当我们面对的犯罪嫌疑人是位高权重的官员时，或者是当地商界的巨头时，因为他们在当地都赫赫有名，家喻户晓，有着非凡的影响力，那么他们所具备的这种实力无形中会对负责审讯的侦查员构成一定的心理压力。

侦查员如果产生了这种心理压力，就会因为心理底气不足而露怯。试想，一个心里露怯的侦查员如何能够完整地贯彻审讯方案呢？一个底气不足的侦查员与犯罪嫌疑人较量时怎么能占领心理制高点呢？

在占领心理制高点这一问题上，也存在狭路相逢勇者胜的道理。

早些年，我们曾经因为查办一起官员滥用职权和受贿案件而传讯了当地一家极有实力的企业的老总。这家企业不但是缴税大户，它所上缴的税款占当地财政收入的四分之一，而且是一家股票刚刚上市的企业。

当时地方政府为了帮助企业发展，曾经鼓励机关干部踊跃购买这家企业的原始股票。公、检、法的许多干警在当地政府的号召下，也都积极地凑钱购买股票。当时大家买股票只是为了响应政府的号召，谁也没有料到这家企业的股票一上市，股价竟然翻了好几番。所有买了这家企业原始股票的人都大大地赚了一笔。

正因为如此，这家企业的老总在当地的名气如日中天。几乎每天大家在饭桌上都会谈论起他和他的企业。这种时候把他找来让他谈给政府某官员送钱行贿的事情经过，可想而知，侦查员的心里该是怎么样的没底气。

指挥员听说问讯工作没有任何进展，于是进到办案区里实地查看，看到正在接受问讯的企业老总慵懒地坐在椅子上，双手成金字塔形有力地支在那里。不用说，这种情况下只能马上结束问讯，没有必要再按常规进行下去了，因为角色心理发生了倒置，审讯人员没有坚定地贯彻问讯方案的信心，被问讯的人员持有强烈的正面心理。

心理优势是审讯活动基础。客观上讲，这种优势心理是由于法律的依法授权决定的，依据这种授权，我们的身份、职务、行为都由国家的强制力作为保障，而且依据法律的授权，侦查员可以动用许多特殊的措施与手段来获取与案件有关的证据。这就使侦查员在信息获取渠道上，在建立信心能力的支撑上，与被审查人相比有着绝对性的优势。

这种优势是一个政权为维护社会秩序、规范所必须确保的制度，正因为这种能力不均衡性的存在，才使得法律的惩戒与威慑得以实现。

2. 专业因素

现代社会的分工越来越细，许多时候真的是隔行如隔山。

作为侦查员，每一个人的知识储备都是有限的。再优秀的侦查员也不可能做到通晓一切。比如遇到涉及税款的案件，遇到涉及科研单位的案件，遇到涉及医疗器械的案件，遇到勘探矿产的案件时，一些术语、行规、专业知识等内容就会对侦查员造成一定的困扰。

不解决这些困扰，不但使侦查员建立不起来自信，而且还会影响侦查活动的正常开展。

对于这些涉及一定行业特点或者较强专业性的案件，有效的解决办法不外乎两点：一是在接触案件线索的初期就积极做功课，了解相关的知识及规范，并在办案的过程中经常性地学习相关的知识点。这是一种"临阵磨枪，不快也光"的做法。二是抓纲统领的办法，就是千条江河终归大海。不管哪个行业、哪个部门，人的行为都要依法而为。

因此，侦查员只要按照犯罪构成的要件对犯罪嫌疑人的行为进行衡量，就可以透过现象看本质，鉴别出哪些行为是违法犯罪的，哪些行为是正常的业务活动。

这一点要求侦查员对于犯罪构成的四个要件要有深入的研究与把握，能在复杂事物中理清脉络，把握规律性。

当然，侦查员把学习涉及案件单位及人员的行业知识与掌握的犯罪构成要件这两者结合起来综合使用是最佳的选择。

(六) 无声的崩溃

犯罪嫌疑人在审讯环节上出现心理崩溃的现象是每一个侦查员都期盼的。

心理崩溃意味着即将放弃抵抗，放弃抵抗意味着案件的真相将呈现出来，因为一个突破的实现是众多谋略成功综合运用的结果，有了审讯的突破才能使案件继续深入进行下去，有了案件的突破才能实现案件的扩大与深挖。

现实侦破中犯罪嫌疑人在巨大的心理压力下，心理防线面临，崩溃的时候，并不一定会有一个什么郑重其事的声明或者告知。因此，有的时候、有的侦查员并不一定能掌握好这一重要的时刻，甚至还会出现因为不知道犯罪嫌疑人处在什么心理阶段而发生误判，最终导致案件的侦破走弯路的情况。

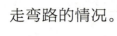

　　邢某是一个民政部门的财务人员：他利用单位资金充足、领导管理松懈、制度执行不严的漏洞，大肆截留公款进行个人投资活动。

　　因为历时的时间比较长，涉及的资金数额大、笔数多，所以许多资金的去向及具体事实杂乱不清，因此，邢某的配合对案件的查办非常重要。

　　但是当时的情况是，邢某知道自己的事情败露了，已经是罪责难逃，可是他惧怕会因为涉案金额巨大、罪责深重而受到长刑期的惩罚，因此迟迟不敢交代具体的犯罪事实。

　　于是，侦查员为了弄清数额巨大而又杂乱不清的犯罪事实，不断地加大审讯力度。一方面，邢某知道自己已经在劫难逃；另一方面，他又因为害怕受到长刑期的惩罚而不敢开口交代犯罪事实。一时之间，案件陷入胶着状态。

　　在经过侦查员的又一轮审讯后，邢某的心理压力到了顶点，他觉得自己再也没有办法抵抗下去了，于是，邢某在心里犹豫着是不是该豁出去了，把自己做过的所有涉嫌犯罪的事实吐个一干二净。可是就在他犹豫着是不是要彻底交代的时候，审讯他的侦查员却意外地莫名其妙地转身离开了办案区，并且好久都没有再进来审讯。

　　后来案件突破后，邢某在与侦查员闲聊的时候说起了这件事，他认为当时哪怕再有几分钟的时间，他就会如实地交代自己所有的犯罪事实。而正是由于在那个关键的时候，侦查员意外地离开，他又有了时间冷静下来，觉得自己还是再抵抗一下试一试，万一侦查机关由于证据不足可能会放过自己，那样岂不是更好？

人的心理在面临持续不断的巨大压力时，会出现因为承受不了而崩溃的现象。既然是巨大压力造成的心理现象，在人的外表上一定会留下一些可供观察的线索。

对这些线索的掌握，有利于侦查员准确地把握审讯的进度，掌握犯罪嫌疑人的心理状态，这对审讯工作而言具有积极的意义。这就有如我们给黑夜中行走的自己点燃了一盏明灯，否则我们就只能在黑夜中摸索前行了，对于前方的路是对是错、是坑是水，我们都全然不知。

线索一是喉部的滚动。

喉咙

注 意观察一个人喉咙部位的滚动情况，可以准确地判断出他的情绪波动情况。

中医认为喉部的神经走心，并走重要的任督二脉，当人心理感觉到巨大的压力而处于极度的紧张与不安状态时，感觉惊恐的心在极度情绪的作用下在人身体上的表象就是颤抖。心血一伤心气就不足了，聪明的身体就会立刻调动元气上来帮助，这又会加速人身体表象的表现速度与强度。

可见，当人处在一种高风险状态中的时候，喉部的滚动是一个指标式的特征。偶尔的喉部滚动，说明他正在承受着明显的不愉快感受，但是还处在可以承受的范围之内。然而如果压力逐步加大，危险逐步加剧，那么人的心理承受能力就会趋于饱和。这种时候如果压力得不到缓解，危险不能解除，犯罪嫌疑人的心理就将走向崩溃。

所以，通过观察犯罪嫌疑人喉部的滚动情况来判断犯罪嫌疑人的心理防线处于什么状态，是侦查员掌握审讯节奏，实施审讯策略，选择突破时机的一种参考指标。

线索二是情绪叠加。

人在面对生活中的重大变故时，会因为众多的利益取舍及矛盾冲突重叠，而使自己深陷于多重复杂情绪的交织之中，因此，人的非言语行为也会呈现出多重的状态。

就人处于心理崩溃边缘这一状态来说，除了我们所说的喉部明显快速滚动的指标式线索，一般来说，还伴有饥渴的眼神、不知所措的手脚与坐立不安等非言语行为的出现。

1. 饥渴的眼神是求助

人在感受到巨大的危险已经来临，自身又无法承受这些危险的时候，求生的本能心理会让他四处寻找传说中有可能存在的"救命稻草"。这时你就会看到当事人那四处张望的眼神。

　　这就是为什么在审讯中，审讯人员要有分工的原因。当一阵急风暴雨式的审讯泰山压顶般的把犯罪嫌疑人的心理防线摧毁时，另一个人温和地走到他的身边，用关怀的话语对他进行劝慰或者开导的时候，犯罪嫌疑人那苦苦支撑的防线往往会在瞬间土崩瓦解。因为对于一个身处绝境的人来说，此时，他期待的救命稻草真的奇迹般地出现了。

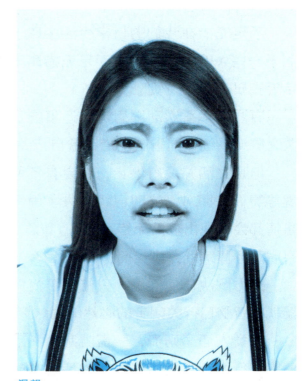

渴望

2. 不知所措的手脚

　　人在心慌的时候都会出现手脚不知所措的现象，而在坦然自在的情况下，显然人的动作就会自然而流畅。这就是说不仅仅是在审讯的极端环境中人才会有手足无措的现象，就是在日常的生活中，当人遇到突发的事件而心慌时，也会出现手足无措的情况。

　　手足无措是由于人心里慌乱而引起的。几乎所有的人在情绪剧烈波动的时候都会因为心里慌乱而导致手脚慌乱，当这种多发性的肢体语言与其他的典型性肢体语言相伴出现的时候，对于我们更加准确地解读被观察者的心理状况是有参考价值的。

手足无措在我们的日常生活中属于多发性现象，它不同于一些人的毛手毛脚。手足无措属于事件激发型，而毛手毛脚属于本性习惯型。

有些人不喜欢动脑思考，遇事就喜欢问计他人，久而久之脑缘系统通向智脑的道路就自行关闭了。

但是生活并没有停止，总会有各种各样的事件不断出现等着你去面对，这时已经丧失了思考能力的你面对任何事情都会表现出茫然无措，于是，着急、上火、焦躁、慌乱、自虐及坏情绪就会应运而生。

无力解决任何问题，只能把事情搞乱。喜欢自虐及多疑就是智脑自行关闭者的必然结局。

这类人遇事则慌，一慌就乱，一乱就猜疑，多疑而脾气躁，行为经常慌慌张张，说话经常颠三倒四，不能正确地表达自己的意图，更不能面对复杂事件。

3. 坐立与不安

心不安则身不宁。

心是人身体的司令部，人身体的所有作为都是人的心发号施令的结果。如果没有心来发指令，人的身体将只能是一具僵尸，不可能有任何作为。因此，当人心里感受到危险迫近的时候，身体自然而然就稳定不下来了，逃跑、躲避、反抗、隐藏等都是人远离危险的本能选择。

所以，一颗不安的心必然导致身体的坐立不安，这也就不足为奇了。

说到这里我们需要再重申一下，读心术中所说的心其实是指人的脑。脑才是人类对客观世界的感知器。脑源源不断地接受来自外部世界的各种信息，并对接受到的信息进行分类鉴别，归纳出喜、怒、哀、乐、惊、恐、惧等情绪，然后让身体为这些信息所产生的情绪或担惊受怕，或兴高采烈，或悲哀愤懑，或郁郁寡欢，这里好像没有心什么事儿似的。

但其实不然，人的身体是一个极其精妙的作品，怕是也只有上帝这样的精工匠心才能设计出如此的旷世杰作吧！

人的脑与人的心其实不但是息息相关，而且是紧密相连的。这其

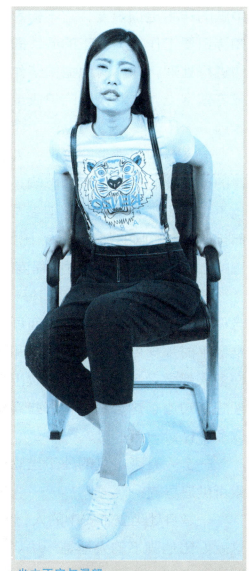

坐立不安与渴望

真实的坐立不安出现的时候，应该是一系列微表情及肢体语言的集合。

无法安稳而急躁是这种时刻人的主要表象。

中脑的作用更加重要，它不但负责思维、意识、计算、感知等重要工作，与真正的心，即心脏一起负责对人类的情绪进行处理，并不时地把情绪作用到人的身体的各个部位或者器官上，这对人类的健康或者生命的质量影响重大而深远。

近来英国的学者就发现，人类脑的认知能力，对于心律的调节及心脏等器官的影响是绝对性的，但是我们的心也不是碌碌无为者，它不但参与脑对情绪、压力的调节，而且严重影响脑的判断能力。比如说在紧急情况下，剧烈快速的心跳可以导致脑对危险程度的错误判断。

这一点也不难理解，我们每一个人都有过这样的体会，当你的心脏因为外界的原因而剧烈跳动的时候，你往往很难像平时那样做出恰当的决策和判断。所以当紧张过后，许多人都会后悔自己之前所做出来的决定是不是有点不够理想。知道了这个道理，那些喜欢后悔的人，是不是就可以多少释然一点了呢？

一个人是否是真的处于坐立不安之中，是有一定的线索可供追寻的：

一是身处坐立不安中的人，他不能长时间站立在原地，这就好比他脚下的大地是一块烧红了的铁板，让他无法长时间地脚踏大地。

二是一个坐立不安的人，在勉强坐下来的时候，只坐在椅子的前沿边上，给人的感觉是他随时都准备起身离开。

三是即使他勉强坐了下来，他的脚也不能心安理得地放在地上，而是摆出时刻想要逃离的姿势。

四是身子笔直，这个动作让人感到有点好笑，这既像是士兵在等待检阅，也像是一个做了错事的孩子，在等待老师的训斥。

其实，这些无非都是从侧面说明了当事人正处在极度的内心不安当中。一个驾驭不了自己内心的人，又如何能管得了自己的身体呢？

（七） 消失的自信心

自信心对一个人非常重要，无论是在工作、学习中，还是在其他事情上，有自信的人与没有自信的人相比较，对于事情的进展与完成质量的影响是不一样的。

很多时候，你的自信心如何会影响你分析、判断、选择的方向；而分析、判断、选择又会直接地影响你所经历事件的最终结果。这也符合思维方式影响行为方式，行为方式造就事实结果的公式。

在侦查部门的问讯活动中，审讯者与被审讯者都希望自己能够拥有足够的自信心。

接受审讯的犯罪嫌疑人如果具有自信心，那么他就会比较从容地面对侦查员的问讯，显然，这会更加有助于他对抗审讯，给侦查员的工作增加了难度，使犯罪嫌疑人逃避法律惩罚的目的有可能实现。侦查员拥有充足的自信心，才能更好地贯彻事先制定的审讯工作方案，使整体问讯工作按预期的计划实施。

我们的双手很多时候被荣幸地赋予为自信心的品牌代言人。当我们信心满满的时候，我们虽然没有留意自己的手是怎么表达信心的，但是这种时候我们因为处在正面心理状态中，所以我们的手是不需要鬼鬼祟祟地隐藏或是做贼心虚似的躲躲闪闪的。

但是，如果事件的发展向着不利于我们的方面转变，巨大的危险渐渐地笼罩住我们，使我们的内心明显感觉到无力抵抗那危险的迫近，当信心开始动摇的时候，人的手——这个忠诚的代言人就会不自觉地履行职责了。

依然展现的手

消失的手

有一家企业因为急需发放一笔巨额资金，于是派保卫部门的人将巨款押运回来。事不凑巧，因为路途上意外的耽搁，当巨款押运回单位的时候，已经是下晚班的时间了。

于是，领导决定留下保卫部门的四个人看守巨额资金，等到第二天上班后再对这笔资金进行使用。保卫部门的四个人接受任务后，按时间段做值班安排，每个人负责一个时间段的看守。

第二天，单位准备使用这笔资金的时候，发现被严密看守的资金少了整整两捆，共计二十万元。不用说，一定是被看管的这一夜里的某一个时段出了问题，窃贼就是保卫部门四个人中的某一个。

单位立即组织人员与四个负责看管资金的人分别进行谈话，但是，这四个人对自己负责看护时间段情况的述说都天衣无缝，没有什么明显破绽。案件的追查工作陷入了僵局。万般无奈的情况下，单位只好报案。

侦查员接受任务来到现场后，首先对涉及案情的所有环节都进行了了解，感觉该单位安排保卫部门的人看护资金的过程中有许多的疏忽，比如：每个时间段的看护人不是能互相监督的两个以上的人，而是每个人负责一个独立的时间段，在这一时间段内其他的三个人处于休息状态，因此，每一个人看守资金的时间段内都缺少有效的监督。从这个角度来讲，四个看护人在他们独立负责看护任务的时候，都有作案的时机与可能。

这是一个案子不大、案情不复杂、作案的犯罪嫌疑人相对明确的案件，但要在四个人中找出真正的作案者，又是极其困难的一件事。

侦查员吃透了案情后，经过一番琢磨，根据这个案件的具体实际情况，精心地设计了一场戏。侦查员把负责看护资金的保卫部门的四个人安排到一个小会议室里，让他们紧挨桌子坐下，每个人的面前都有一份在这之前他们对整个事件的描述记录。

侦查员让他们认真看完自己先前对事件的描述后，语重心长地对他们四个人说："事情虽然很严重，但是只要能主动交代，就可以得到宽大处理。如果错过了这最后一次机会，那么宽大处理的大门就永远关闭了，那个做了案的窃贼等来的将是法律的严惩。"

会议室里一片寂静，侦查员不再说话，只是面无表情而又似乎是胸有成竹地坐在那里。四个涉案人员也都有些僵硬地坐在那里，好像不知道该如何是好。

长时间的沉默后，侦查员们轻轻地侧耳交谈了几句，然后那个主要负责侦破工作的侦查员说："该交代给你们的话我们都说完了，该给你们考虑的时间也已经给你们了，既然作案的人还抱着侥幸心理执迷不悟，那么我们准备使用当前最先进，也是最准确有效的高科技测谎议来进行侦破。请记住：这套当前国内最先进的测谎仪一旦在你们身上使用，谁是作案的人，谁是说谎的人，测谎仪会立刻显示出来。"

侦查员说完这些话，停顿了下来，用冷峻的目光打量着那四个负责看护资金的人，只见其中一个人原先放在桌子上的双手，慢慢地从桌子上收回，放到会议桌的下面。

看到这种情况，侦查员的心里已经初步有了底，他们又简单地交换了一下意见后，用比较轻松的语调让三个负责看护的涉案嫌疑人先出去休息等待，然后只留下方才那个双手从桌子上面悄悄收回的人接受进一步的问讯。

看着其他的人都没事人一样地离开，看着会议室里只剩下自己与几个紧紧盯着自己看的侦查员，这个唯一被留下来的人无比地紧张。在接下来的短暂交锋中，不一会儿的工夫他就败下阵来，不但痛快地交代了自己在值守的时间里，看着那一大堆钱动了心，于是趁着去厕所的时机偷偷地从钱堆里拿了两大捆钱，并且领着侦查员在厕所的天棚上找出来了那丢失的二十万元钱。

本来这就是一个只能靠言辞来突破真相的案件，看似简单的案件，其实侦破工作有一定的难度。侦查员们将前期工作做得非常细致，他们了解了案情的全部情况，也了解掌握了这个企业因为地理位置及产品性质等因素的制约，不但企业所在地相对偏僻，而且企业的人员与外界的接触也相对较少，大家的观念比较保守。

根据掌握的这些看似不相关的情况，有经验的侦查员突发奇想，决定对这些情况加以利用，从而达到出奇制胜的目的。他们按照事先的设计先把涉案人员招到空间狭窄的小会议室里，按步骤让他们认真查看自己先前对事件的述说，然后释放出那个先进科技测谎仪的强烈信息，因为侦查员们知道，这些人因为信息相对闭塞，所以他们并不真正地了解那个神秘莫测的测谎仪是什么东西，有着怎样的神奇功能。

果然，在侦查员宣布要把那个神乎其神的高科技测谎仪用在涉案者身上的时候，那个一直隐藏着的偷钱的人的心理开始出现了溃败，他不知道那个即将使用的测谎仪是什么东西，但是这个高科技设备的准确有效性能，让他的心里失去了侥幸过关的最后企图。

自信心一旦消失，作为自信心代言人的双手，就立刻感觉到了危险与不安。要知道，这时候暴露的双手就是暴露的心，一个没有了自信心的人，表现出来的就是不敢暴露的手。于是，他自己都不知道是在什么时候，把原本放在桌子上的双手，慢慢地缩了回来，放在了会议桌下面自己的腿上。

当然，窃贼露出马脚是在无意识的状态下进行的，侦查员实施这一谋略也是在无中生有地敲山震虎。但是侦查员一刻都没有放松对这几个犯罪嫌疑人的细心观察，当看到其中的一个人悄悄缩回了双手时，就更加确定了内心对他的怀疑。

（八）　这样的中指不能忽视

人的中指不但有医学上的意义，更有风俗、道德、人文等方面更加广泛的含义。总的看来，竖起中指不单是恶毒的侮辱或骂人，更是明目张胆的性挑逗与性暗示。

竖起中指这种被全人类所谴责的下流行为，一般都是当事人为了表达某种强烈的情绪与欲望而有意为之，但是大家可能不知道，在我们的日常生活中或者是在侦破案件的时候，其实也经常会遇到不应该出现的中指。只不过这种时候出现的中指都是隐藏版本的，或者是变形版本的，不那么引人注意而已，但是这些版本的肢体语言，同样具有深刻的含义，值得我们注意并进行解读。

最常见到的现象就是在会议的场合，当发言者磨磨叽叽、没完没了地讲话时，会场上不愿意听或者是听腻了的人无法用公开的行为或者语言来表达自己的厌烦情绪，而不良情绪一旦产生，就会通过一定的形式表达出来。又因为是不能或者不敢直接地、真实地表达，所以往往就会以变形的形式流露出来。比如，有些人会把包括中指在内的手指放在脸颊上或者额头上，来表达内心强烈的厌烦情绪与不满。

中指出现

当一个人的中指出现在他的脸上时，就该引起你的足够重视了，因为他在用肢体语言告诉你："我讨厌你！"

因为这是一个极其隐蔽的动作，所以很少有人注意到这一动作，更很少有人能读懂这一肢体语言的真实含义。其实，当你在那里侃侃而谈的时候，如果有人不露声色地出现了中指，那其实是在说："你的讲话让我感到特别的厌烦。"这是一个真实的、明确的、强烈的、反感的信息传递，但现实生活中很少有人会注意到这一信息的存在。

老夏是一个资历深厚的侦查员，在几十年的工作中破获了好多起大案难案。他的工作能力得到了大家的赞赏。

可惜的是老夏晚节不保。在临近退休的时候，他觉得自己手头的金钱太少了，担心自己的晚年生活会受影响，于是开始在自己办理的案件上动脑筋，经常对当事人进行暗示，让人家给他送钱送物。他则利用办案的工作之便，在涉及当事人重大利益的材料上做手脚，以达到帮助犯罪嫌疑人逃避处罚的目的。

　　正所谓没有不透风的墙，有人举报了老夏利用职务上的便利徇私枉法、收受贿赂的犯罪事实。在侦查工作中一向精明干练的老夏，却利令智昏地在他办理的案件上留下了枉法的痕迹。

　　老夏被传唤到办案区以后，指挥员觉得老夏毕竟与大家都比较熟悉，又是一个经验丰富的侦查员，为稳妥起见，决定再用一点儿时间重新审视一下讯问提纲。于是，指挥员就让一个年轻的侦查员在办案区里陪老夏先坐一会儿，等重新审查完讯问提纲后再开始正式的问讯活动。

　　指挥员研究完针对老夏的审讯提纲后，在审讯室的监视器里吃惊地发现老夏跷着二郎腿，右手的食指与中指支在脸颊上，悠闲地坐在那里。眼前的景象让案件的指挥员大吃一惊，因为二郎腿的悠闲与中指暗示的反感不满是不该出现在此时此刻的，到底是什么原因导致出现这些反常的肢体语言呢？案件的指挥员决定立即把事情的原委弄清楚。

　　案件的指挥员来到审讯室还没开口，老夏就先说话了。他指着那个年轻的侦查员对案件的指挥员说："他是新来的吧？方才还没怎的呢，他就开始对我进行政策教育。我问他：'你一会儿是不是要对我进行敲山震虎啊？'结果这个小伙子有点儿诧异地问我：'你是怎么知道的？'我又说：'如果我不配合你们，你是不是准备扔出一点证据，然后对我实行引蛇出洞啊？'结果这个小伙子吃惊地问我：'这个你也知道？'"

老夏一脸不屑地对指挥员说："我也是搞一辈子侦查工作的人了，你们能不能别跟我玩这种小儿科的东西？来个让我瞧得上眼的人审问我，也是对我老夏的一种认可吧！"

在这个案例中，年轻的侦查员天真地以为讯问一个老夏没有什么了不起的，想趁着指挥员开会的机会，显露一下自己的能力，把案件的审讯工作一举拿下。没想到他的那点儿能力和经验在阅历丰富、经验老到的老夏看来就是笑话。所以当年轻且缺少经验的侦查员信心满满、慷慨激昂地进行审讯的时候，犯罪嫌疑人老夏早就看明白了他的外强中干及侦查能力的薄弱。

老夏因为内心充满了强烈的轻视，所以就不自觉地把食指与中指放在了脸颊上。还因为原本应该压力巨大的审讯，在老夏看起来如同小孩子的游戏，因此心里没有了任何压力的老夏就情不自禁地跷起了二郎腿。

可见，有的时候在特定的场合里，一个看似不起眼的肢体语言，它的背后可能隐藏着事关成败的深刻内涵。这种内涵不但事关重大，而且事关全局。对于这样的强烈信息，我们该及时察觉，否则视而不见，察而不觉，会使我们于不明中陷入被动。

第二节　躯体的语言

这里说的躯体是指除我们的四肢与面部以外的躯干部分。

说到人的躯体，给人的感觉是比较呆板，而且几乎是无话可说。躯体既不像人的面部表情那样多姿多彩，也不像人的四肢那样能手舞足蹈，人的躯体好像没有什么作为似的。

其实不然，人的躯体有的时候也会传递出一些让人意想不到的重要信息。

（一）　皮肤透露的信息

人在恐惧害怕的时候，皮肤会比平时显得白一些，这是因为如果人处于惊恐不安的状态时，人的自我防御机制就会启动，血液就会大量地流入到大肌肉群中去，为接下来逃离危险做好准备。

所以你与有的人接触的时候，会忽然发现对方的脸色变得不好看了，那就表明你的出现或者是你的话题让他感觉到了危险的来临，此时虽然他嘴上没有说什么，但是他那变白的皮肤透露出来的信息是：你的话题正中他的要害，让他无法平静地对待，此时他的心里出现了想要逃离的想法。

伴随着血液的快速流失，人的表层皮肤不但会变得比平时要白一些，而且也会因末端血管中血液的急速减少而导致热量紧跟着流失，因此，人在惊恐害怕的时候就会出现怕冷的现象。

有一个很难区分清楚的问题是，许多人在紧张的时候，比如面对陌生人的时候，或者在大庭广众面前时，或者在一些非常严肃庄重的场所时，会出汗，并同时伴有手足无措和语无伦次的现象。这种因为紧张而出汗的情况在人群中属于普遍现象，其原因除缺少相应的适应性锻炼以外，与人的性格心态等因素有关。

但是这里我们会注意到，人在紧张的时候会出汗，人在觉察到危险而惧怕的时候会感到发冷并且皮肤变白。这两者的区别是：紧张的情绪会导致人流汗；而恐惧的情绪会让心理产生远离危险的潜意识。想达到远离危险的目的，最好的选择当然就是逃离。于是血液离开表面皮肤进入大肌肉群中，为接下来的逃离做准备。而失去血液的皮肤就会变得比平时惨白，并因为热量的流失而感到有点儿冷。

二　含肩

人的肩在生活中具有负重的功能，因此人们也给肩赋予了"承担"这一崇高的社会意义。男人在说话的时候，

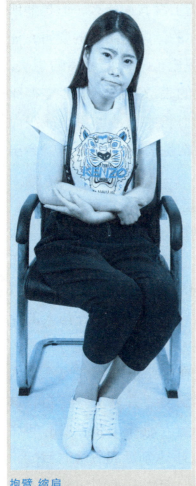

抱臂 缩肩

含肩与缩颈这些表象动作的背后，其实是头部想要消失。这就像是沙丘间的鸵鸟，在遇到危险的时候，把自己的头扎进沙土里，以为自己看不见了，就是在危险面前消失了。

肩是轻易不能动的。说话时喜欢动肩的男人，给人的印象是关键的时候靠不住，是一个在重大利益面前善变的人。

而女人不需要像男人那样承担重负，所以女人在说话的时候肩膀乱动，就给人以美好的感觉。

在审讯中注意犯罪嫌疑人的肩部，会得到另外的信息。当一个人信心消失、感到害怕的时候，有时会出现含肩的动作，就是身体微微前倾，双肩有点儿向内含拢的样子。

这是人因为内心害怕，而生成的自我保护的隐意。有的人在面对危险的时候，会希望尽可能地减少自己暴露在危险面前的面积，这种面积的减少会给她不安的心理增加一丝安慰。

含肩是说，此时的肩膀已经承担不起负重的任务了，内心的逃避必然带来外在躯体上的变化。

当然，这是一个非常隐蔽而微小的肢体语言，粗心大意是绝对不会留意到这个信号的出现的，因此足智多谋、眼明心细是一个智慧型侦查员必须具备的能力。

躺闪

人的身体是极其聪明的系统，虽然它不会用语言来唠唠叨叨地表达自己的感受，但是对于人的不良情绪及负面心理，它都会用各种各样的方式来进行委婉的表达，从而达到引起我们关注的目的。比如，熬夜了眼睛就会充血；坐久了颈椎腰椎就会酸痛；生闷气了心口就会堵塞难受；思虑重了就会伤及脾胃，于是茶饭不思。

身体的这些及时反馈，无非是出于自我保护的功能需要，所以人们不能对身体发出的这些信号视而不见，因为不良心理生成的负面情绪是一种

抱臂躲避

我们的肢体语言与微表情之间，往往都是相互关联的。当负有"承担"责任的肩因为不堪重压而收缩时，人的身体也就没有信心自由地展开了。

这种时候，最忠实于心意的脚，一定是老老实实地龟缩在那里的，从整体上就能让人感觉到强烈的拘谨与退缩。

寻求保护，是这种肢体语言告诉人们的迫切信息。

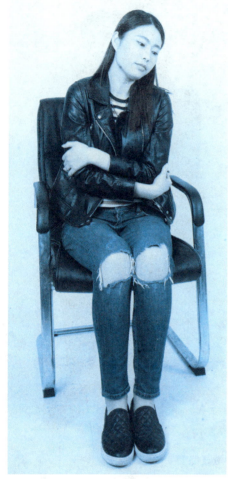

抱臂躲避

极大的能量，这种负面的能量一旦生成又得不到有效疏导，就会作用于人身体的各个器官，久而久之，各种疾病就会出现。

当然，有效地疏导不良情绪，这句话说起来简单，真正做起来其实是很难的。因为人生活在复杂的社会中，为了生活与生存总会遇到层出不穷、错综复杂的事情，现实中并不是所有闹心的事情都能躲得过去，也不是所有的烦恼都能化解得了。想要达到"拿得起与放得下"这种境界，除了具备必要的能力，更主要的是需要智慧，而且需要的是大智慧，这样才能疏堵化瘀，才能明心见性。

当一个人身陷囹圄，面临被审讯的境地时，心里的感受一定是极其负面的。应当没有人希望自己面对这样的可怕遭遇。

但生活在世上，总有许多时候人会陷入身不由己的逆境之中，不得不面对眼前灾难性的一切。而躲闪，就是人在感觉到危险忽然来临的时候，不自觉地做出来的非言语行为。

真实的审讯中，不论是侦查员走近犯罪嫌疑人，还是侦查员说出一句有利害关系的话，我们经常会看到犯罪嫌疑人有躲闪的微小动作流露。

这一定是细微的、毫不起眼的动作，最常见到的现象是身体的躲闪，就是当危险来临的时候，犯罪嫌疑人会不露声色地动一下身子。如果你不注意，觉得他也就是习以为常地动了一下。如果善于观察，你会发现他是在躲避你，他一定是在轻轻地向远离你的方向躲避的。

当然，不同的人在遇到不同程度的危险时，躲闪的方式也是不同的。除了上面我们说到的身体的躲闪，还有的人是手的躲闪，就是原本自然伸出的手，在感觉到危险的时候，会回缩手指成握拳状。有的人躲闪的方式是在脚上，就是当他感觉到危险的时候，会不自觉地收回那原本伸出的脚，就好像是遇到了毒蛇，需要赶快收回脚怕被咬着似的。

吉某因为涉嫌贪污犯罪而接受审讯。他在接受传讯之前通过各种渠道探知自己的罪行可能已经败露了，于是，为了达到逃避打击的目的，编织了一套掩盖罪行的谎言，准备用来对付侦查员的问讯。

审讯开始后，吉某按照自己的计划有条不紊地把事先编织好的谎言，一点儿一点儿地说出来，回应侦查员的问讯。侦查员也不慌不忙地按照审讯方案，用证据做支撑，一点儿一点儿地步步紧逼。

这种场面看起来似乎是稀松平常，没什么波澜，你来我往的风平浪静。其实则不然，如果你稍微留意观察，就会发现，每当侦查员问到关键的环节或者是用证据驳斥犯罪嫌疑人的谎言的时候，从犯罪嫌疑人的脸上看好像是没有什么特别的表情反应出现，但是他的双手总是在关键时刻轻轻地回缩，或者是握指成拳。

而且有意思的是，每当侦查员站起来走近吉某的时候，他都会有意或无意地挪动一下身子，这时他的身体躯干部分会出现不易察觉的侧弯曲。

毋庸置疑，这就是躲闪，在犯罪嫌疑人那貌似强大的内心里其实藏着的是一个脆弱的他。当侦查员从容不迫地进攻时，犯罪嫌疑人表面上看起来是一副无动于衷的样子，但是侦查员每一次有针对性的问讯，都对他的心理造成了破坏性的冲击。虽然他在极力地苦苦支撑局面，但是内心深处那个脆弱的、胆怯的他根本就无力抵抗眼前的攻击。

因此，侦查员的每一句有分量的问话，对于真实的他来说都是一个迫在眉睫的危险来临。这危险是如此的真实而又令他害怕，他可以鼓足勇气让自己表面上看起来好像是没有什么事似的，但是他的心在危险面前已经退缩了。

这时犯罪嫌疑人貌似冷静而强大，其实心理防线已经渐渐地土崩瓦解了。

（四） 不适

紧张与害怕、心气不顺等都会造成身体上的多种不适，这也是由于负面情绪作用于人的器官所引发的。气则伤肝，肝气不和能引起胃疼。再者就是生气可以导致神经功能紊乱，这种神经功能紊乱引起胃神经调节异常，也会感觉胃疼。

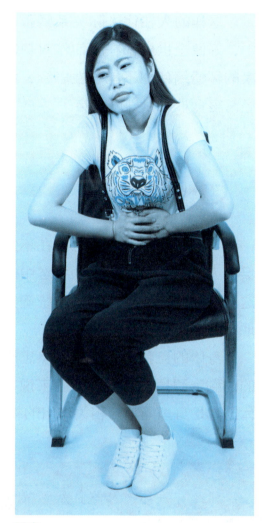

胃疼

还有就是不良的情绪会对消化功能造成影响，刺激和影响胃肠运动功能并影响消化腺分泌。当一个人处于愤怒、惊恐和焦虑的状态时，胃肠黏膜会充血变红，必然使人感到疼痛。

强烈的坏情绪直接作用于心脏和血管，使胃肠中的血流量减少，蠕动减慢，食欲变差，严重时还会引起胃溃疡发作。知道了这些，我们就不难理解为什么有的犯罪嫌疑人，在审讯的重压之下，身体健康会变差，出现问题。

生活中许多人思虑重脾气急，遇事不能冷静下来，基本上无法有效地控制自己的情绪，坏脾气时常地跑出来，像一匹脱了缰绳的野马四处狂奔。

这样的人往往人际关系紧张，总是处于生气和抱怨当中，好像全世界都在跟他作对似的。其实，是他那不听约束的坏情绪使他不能理性思维，让他躁动不安，而且使他经常寝食难安，身体多疾。

（五）　遮护

人的自我保护意识总是在不知不觉中，忠实地履行着保证人类能处于"自在"状态中的神圣使命。为了能践行这一职责，人的自我保护系统确实是尽职尽责，不遗余力地在一直努力着。

身体的自我保护系统虽然忠于职守，但是它所能调动的防御资源毕竟有限。一般来说，仅仅限于我们自己的身体或者是身边能起到相关作用的物品。

曾经有一期《人与自然》节目介绍了一个很有代表性的事例：美国的一个渔夫在一条大河上划独木舟，河上静悄悄的，没有什么特别值得注意的事情。

忽然伴随着河水的巨大声响，渔夫觉得身子的右后侧似乎是有什么危险来临了。因为是瞬间发生的事情，渔夫没有时间进行观察并做出选择，只是自然而然地举起右手臂进行遮护似的防卫。原来跃出水面的是一只大鳄鱼，这家伙一定在水中暗暗地对渔夫进行好长时间的跟踪了，当它选准时机后就跃出水面，从渔夫的后面进行偷袭。

渔夫对即将发生的危险完全没有预料，当危险来临时他只是下意识地举起手臂进行防御，结果被大鳄鱼一口咬住。那只凶猛的鳄鱼本来是想要袭击渔夫的头部的，但是渔夫在觉察到有异样时下意识做出的防御动作救了自己一命。

从这个案例中我们可以知道，人的身体防御系统是全天候不间断地工作的，只要感觉到了危险，人的防御系统就会自动启动，尽其所能地为我们的安全提供服务。

问题是早期的人类遇到的危险大多数都是同类或者凶猛动物的攻击，这种时候我们挥舞出去的手臂不但可以防御攻击、避免自己受到伤害，还可以击伤侵犯者，因此那时的手臂是我们有效的防御武器。

但是随着社会的发展，特别是近三百年科学技术飞速的进步，我们面对的危险已经远远不是同类拳头、棍棒的攻击，或者动

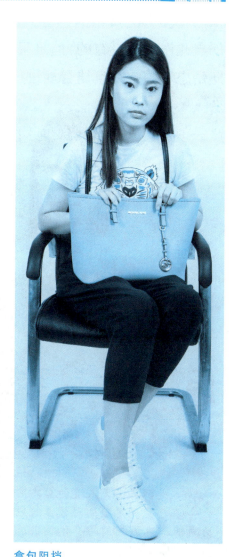

拿包阻挡

物们爪牙的攻击那么简单了。比如炸弹的爆炸与子弹的伤害，根本就不是我们的手臂所能防御的。然而人的防御系统并没有随着时代的发展而升级，它还是傻傻地使用着它所能调动的一切资源来进行防御，比如闭眼，比如躲闪，比如遮护动作，等等。

人的自身防御系统面对超音速的子弹攻击，或者面对执法者强力的审讯时感受到的危险而进行的防御，其实是一点儿作用都没有的，但是呆板的防御系统并不理会这些，还是忠于职守并且徒劳地进行着各种防御。

阻挡

这也是阻挡，是人类的自我防御系统在感觉到危险的时候，就地取材，力所能及地为我们的身体提供遮挡，以求安全感。

可见，由人类的脑领导的自我防御系统并没有随着人类的脚步一起走入新时代。也就是说，人类的身体已经进入了科学技术飞速发展的信息时代，而人类的脑系统还是原始社会时期没有升级的旧版本。

社会的发展太快了，脑根本跟不上这种发展的速度。如果我们的脑能相应地进化成适应现在社会发展的系统，我们就不再用原始的脑应对现代社会的问题了，一个现代化版本的脑带给人类的将会是天方夜谭式的奇迹。

自我防御系统既然是全自动的，它的启动与运行很多时候就不受我们主观意识的控制。也就是说，有的时候我们本人并没有意识到什么，但是人的防御系统就已经开始工作了。比如，一位女士坐在一个公共场所的椅子上，这时如果过来一位陌生的男人也坐在椅子上，这位女士的自我防御系统就会出于安全与戒备的角度，让女士把自己的包放在她与那位男士的中间进行阻隔遮护。

虽然只是一个小小的包，但这是自我防御系统此时此刻所能调动的最好的资源了，这种阻挡更多的是一种心理暗示性的安慰。一个随身携带的兜包当然阻挡不了真正的危险。但如果过来坐下的是这位女士的爱人，那么不论如何女士都不会把包放在她与爱人的中间。

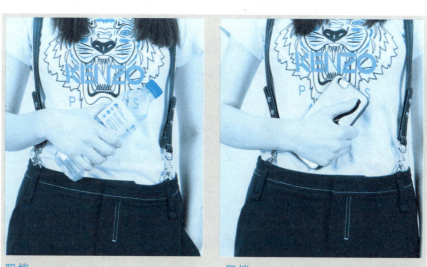

阻挡　　　　　　　　　　　　　阻挡

当 感觉到危险或不安的时候，虽然顺手拿到的物品都会被我们用来进行遮挡，比如手机，比如篮球，比如喝水用的瓶子。

许多时候我们只是根据人与人之间的距离，就可以断定他们之间的关系程度。一个人不会让陌生人太靠近自己。与陌生人之间的距离太近，会让人没有安全感，会让人感觉到极其不舒服。越是亲近的人，他们之间身体的距离就越小，而热恋的男女是希望彼此之间没有距离的。

　　金某是一个国企的领导，因为涉嫌贪污、受贿等问题被依法立案查处。

　　经过一番较量，金某在证据面前如实地交代了自己在职期间利用职务上的便利贪污公款及接受贿赂的犯罪事实。这个案件的整个侦破活动都是无懈可击的，金某的交代也非常彻底，与所有的证据相吻合。但是关于赃款的去向，金某却迟迟不肯交代。他与办案人员商量说："我的犯罪事实我都交代了，不论什么时候我都认罪服法，不会进行翻案的。但是对于赃款的去向问题，你们就别问了，我是不会说的。这倒不是我抗拒审讯，而是我有苦衷，没有办法说啊！"

　　涉财案件查不清赃款的去向，显然是不能结案的。看着金某一副虔诚的样子，又不像是在对抗侦查工作，看来他可能是真的有苦难言。

　　于是侦查员又开始苦口婆心地做金某的工作，给他讲解各种道理及利害关系。最终金某叹着气说："我小的时候学习成绩非常好，是班里的学习委员。当时的班主任非常喜欢我，对我关爱有加。我后来上高中上大学，参加工作之后都没有忘记我的这个班主任，经常去看望她。在我的心目中她就像是我的母亲一样。有什么话我都会和她说说。老师也拿我当亲人一样，而且在她看来，我就是她的骄傲。她经常会跟别人提起我这个学生是多么出息，对她是多么尊重。

当我听说有人举报我有贪污犯罪的事情后，我就把自己不是好道弄的钱存到几张存单上，然后去我的老师家里，放在她那里了。我这么做是因为我和老婆的关系很紧张，我信不过她，但是老师接过我要寄存在她那里的东西后，也没看没问就收起来了。现在我出了这么大的事儿，倘若老师知道这个她一直引以为傲的学生竟然是个犯罪分子，会怎么想？我不想伤她的心。另外，我把东西放在老师那里了，也没有什么手续，她要是不承认怎么办？这些就是我不想说赃款去向的原因。"

侦查员们听完金某的述说，认为金某说的情况是真实的，他的顾虑也符合人之常情。如果金某的老师一口否定东西放在她那里，这件事情还真的就不好办。但由于办案的需要，接触金某的老师又是必须之举。

敲开门，迎接侦查员的是一个白发老太太。听完侦查员的自我介绍，老太太把侦查员们请进了屋子里。在沙发上坐下后，侦查员又一次介绍了自己的身份，并简单地介绍了金某的案情，并提出金某交代他把涉及犯罪的赃款存单放在了这里，希望她能配合侦查机关把东西拿出来。

当时侦查员并没有十足的把握说服金某的老师把涉案的存单拿出来，但是就在侦查员说到案发前金某曾经来过，把一些涉及犯罪的存单寄存在这里的时候，那个坐在对面沙发上的白发老太太，伸手拿过来一个沙发靠垫，放在了自己的前胸部位。

　　这个无声的动作让侦查员的心里一亮。是的，人在觉察到危险的时候，自我防御系统就会立即启动，尽一切可能保护自己。如果面前的老师真的不知情，那么侦查员的一切话语对她来讲都没有什么威胁性。但是如果她的内心是知情的，那么当侦查员说出存放在这里的涉案存单的时候，这件事情对于白发苍苍的老师来说，就是一个具有危险性的信号。而人一旦接受到危险的信号，自我防御系统就会立刻启动，以保证人体能处于自在无忧的安全状态。

　　此时，老师在自我防御系统的指挥下所能调动的防御设备只有身边的沙发靠垫，因此她就马上拿起靠垫放在自己的胸前。

　　这个动作是一个防护，其真实的内心意图是在感觉到危险来临的时候，用东西来遮挡身躯使自己能尽可能地远离危险源。也就是说，此时尽管这个老师的言语还没有对此事进行表态，但是她的肢体语言已经把她的心理暴露无遗了。

　　人的肉体不能受到伤害，因为受伤的身体不仅会影响人躲避危险或是追逐猎物的行动，而且受伤的身体热量流失得也快，这些对于人的自身安全来讲都是事关重大的。

　　再者，人的身躯里还有着五脏六腑等器官，这些器官毫无疑问都是我们赖以生存的重要部门，哪一个部门受到伤害对我们来说都是致命的。对于生命安全来说，都是不能接受的。为了完成保护人类身体安全的重大使命，人的自身防御系统会挖空心思地进行身体保卫战，不遗余力地保卫人的身体不受伤害。

比如格斗的时候，选手会首先侧身对敌，这样能最大限度地让人脆弱的器官避开对手的伤害，从而达到尽可能保全自己的目的。时至今日，人类早已经从荒蛮而充满危险的原始社会进入到用法规来约束的现代社会，但是人的自我防御系统却丝毫没有改变，它依然忠心耿耿地履行着自己的使命，唯一能解除它警戒级别的就是爱与信任。

在信任与爱的面前，人们会不自觉地放下厚厚的盾牌，解除紧绷着的防御警报。人们在面对自己最爱的人时，会主动地敞开自己的怀抱，让自己最怕被伤害的身体与器官完全地暴露在爱人的面前。

这时的潜台词是：我把自己的生命都交给了你，希望你能接受并珍惜！

这种"舍身相爱"的现象，最常见的除紧紧的拥抱以及深深的亲吻以外，你还会发现相爱的人在一起的时候不但喜欢情不自禁的身体接触，而且总是不知不觉地尽可能地坦露出自己的颈部。

因为道理是相同的，颈部是人体最容易受到攻击，也是人体最脆弱的部位之一。当人感受到危险的时候，首先出现的动作就是耸肩缩颈，使自己最容易受到攻击的部位躲藏起来。而与相爱的人在一起的时候，人们没有了这些担忧，于是就尽情地展示自己纤细的颈部，以传达真挚的喜悦之情。

两个人在一起时会尽可能地露出颈部，这是信任的标志，这是真爱的无声语言。

第三节　最真诚的下肢

　　脚是人身体距离脑最远的部分。可能是距离遥远的原因吧，人的脚不但是最忠实于脑的铁血卫队，而且是最不会撒谎的部位。

　　脚总是忠实地反映着脑的意图，它不懂得世道复杂需要随机应变，也不知道人心叵测有时需要曲意奉承。脚就在那里一门心思地、憨心实意地执行着脑的各种指令，不闻不问，不懂得变通。这种没有原则的忠诚，虽然会使脚的表现让人感觉它有点儿显得看不出眉眼高低的样子，有时会在不知不觉中出卖自己的主人——心意，但是我们对于一双忠实履行职责的脚又能指责什么呢？

（一）　幸福脚

　　要知道，人类直立行走之后解放了自己的双手，手可以更加专心地用于进行更复杂的生活技能和制造工具，这样不但促进了脑的功能开发，而且更加奠定了脚的专职功能——站立。

站立要站稳才行，因为只有站得稳才能不跌倒，然后进行各种各样的活动。而幸福脚就是要把一只脚或者两只脚的脚尖或者脚后跟高高地跷起来。这种动作出现的时候，人显然是无法站稳的，更是无法在危险来临时实现转身就逃的职能。因此，幸福脚都是出现在人们与信任的人在一起，内心感觉到非常惬意的时候。

比如，热恋中的女孩儿在与情人相拥的时候，基本上都会出现脚跟离地的幸福脚。还有些人在与非常信任的人在一起的时候，往往会倚门而立，将一只脚快乐而轻松地交叉到另一只脚的外边，幸福自在地站在那里。

我们会发现，即使是一个人独自待在某个地方

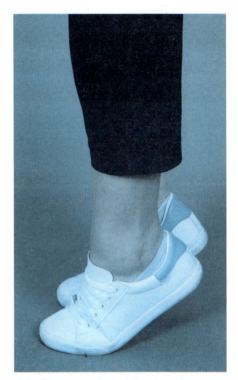

幸福脚

幸福脚

的时候，如果此时他感觉逍遥而且自在，那么他也会跷起脚尖，愉快地摇晃着。

季某是政府机关的一个局长，在职期间利用给他人办理工作的时机，收受他人给予的贿赂款。因为这种事情都是秘密进行的，因此虽然外面的人议论纷纷，但基本上都是猜测，并没有真凭实据。

也是应了那句话："天下没有不透风的墙。"还是有极其隐蔽的信息流传出来。侦查机关掌握了一些证据，于是季某被依法传讯到办案区接受审讯。

虽然内心中非常害怕，但精明的季某自持做的时候基本上都是天知地知、"你知我知"的隐秘状态，因此对于侦查员的问讯采取一口否认的态度，不承认。

侦查机关当然不会冤枉无辜者，在传讯季某前已经通过大量的初查工作获得了一些铁的证据，这些证据足可以在季某零口供的情况下将他绳之以法。在反复的较量中，季某渐渐知晓了有几笔收受贿赂的事实自己是逃不掉了，于是最终痛快地交代了侦查机关掌握证据的犯罪事实。除此之外，对于侦查员的进一步审讯，他一律闭口不谈，决不再涉及其他的问题。

侦查员们在对审讯视频进行回放的时候发现，季某在开口交代涉嫌受贿犯罪的事实之前，不但表情凝重，而且双脚一直牢牢地放在地上。可是当他交代了部分犯罪事实之后，在侦查员核实这些犯罪事实的时候，他轻松而悠闲地跷起脚尖，进行摇晃的动作。

很显然，这种肢体语言在此时出现是反常的，特别是跷起而摇晃的脚与先前凝重且紧紧抓地的脚这两种肢体语言有着巨大的反差，这一切都说明一个事实：季某还有更多的余罪没有交代。这家伙审时度势地交代了侦查机关已经掌握的犯罪事实，而侦查机关没有提起、他自己又心知肚明的犯罪事实却被他决心隐瞒了。

虽然眼前他交代的罪行已经足够对他进行惩罚，但是他自己心里清楚还有更多的事情没有暴露，心里不禁暗暗升出得意之情，得意难免忘形。别的地方隐

幸福脚

藏得还好，但是不懂得变通、缺心眼儿的脚却不由自主地暴露出了他真实的心意。

事后通过狱侦知道，季某非常得意自己还有事情隐藏得很好，他已经打定了主意：只要侦查机关拿不出来真凭实据，就坚决封口绝，不再谈别的事情。

任何侦查技巧都是一门不完美的工作艺术，侦查活动是通过对证据的一点点拼凑，来隔空恢复过去发生的事实。因此，这种恢复原状的活动本身就受到各种不确定因素的

制约，因此遗漏、缺少、不完美都是不可避免的。

　　客观地说，我们应该承认侦查活动最终的结果会有残缺与遗憾，也可能正是这种追求完美与无尽遗憾常常并存，才使得侦查工作充满了巨大的魅力，让无数的优秀精英辛勤地参与其中，为之奉献，为之奋斗。

（二）　公主脚

　　这是一种专为女性所属的肢体语言。在日常生活中，这种肢体语言是一种非常优雅的动作，美好而得体，端庄而贤淑。

　　很多时候，我们从一位女士的一些微小的肢体语言中就能看出她的修养如何，她的格调怎么样。只是现在的女性大多数都走粗犷型路线，不懂得应该秀外而慧中的道理，能注意自己该在肢体语言及心灵方面有所修养的女子寥若晨星。

　　然而，这种被冠以公主脚的肢体语言在特殊的环境中也同样有着意义不同的另一种解读。

　　当一个涉嫌犯罪的女人坐在办案区里的时候，其实与对待其他所有的犯罪嫌疑人一样，侦查员首先要确定的就是眼前的这个人当前处于什么样的心理状态。

　　这是一种研判，通过一定的线索来研判对方的情绪、心态、对事件的介入程度等，这些研判是为我们接下来的审讯做准备与铺垫的。既然是研判，就一定要有一些依据，这样的研判才能有的放矢。

可惜的是，现在许多侦查员不懂得该怎么样通过观察为研判提供信息参考，在面对犯罪嫌疑人的时候，完全是不管不顾。

什么观察、分析、研判，这些全都没有。他们的审讯策略只有一个，那就是程咬金三板斧——"拍桌子、瞪眼睛、说狠话"。

其实真正好的审讯应该是人们智慧的有效综合应用，这种有效应用是建立在知己知彼的基础上的。

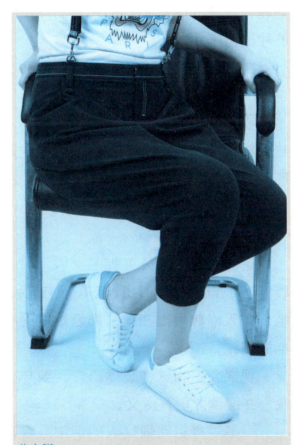

公主脚

用腿的侧面来面对你的时候，潜在的含义其实是不愿意面对、不想面对。抬起来的脚后跟是一个线索，因为后脚跟抬起来，人是没有办法保持稳定的，那只能是移动的前奏。

当我们看到这种肢体语言时，基本上就可以判断出犯罪嫌疑人是处于内心恐慌状态，不敢面对当前的局面，极力想逃离，从而达到远离危险的目的。

1. 原因所在

女性犯罪嫌疑人在审讯中出现公主脚这一肢体语言，是一种因感到紧张与不安而出现的戒备并防御的动作。要知道，身临审讯室，不管对谁来讲都不是一件值得期待的正常体验。陌生的环境，极具危险性的话题，冷峻的问讯者，都会对犯罪嫌疑人的心理造成巨大的冲击和压力。

在这种危险、压力面前，女性会情不自禁地做出保护自己的动作。公主脚那收拢的双腿，微微侧转的身躯，都是在躲避与远离危险；抬起来的脚后跟是她的心不愿意继续待在这里的无声倾诉；叠加起来的双腿是在实施一种双层的防护，从而让自己的心里感觉安全一点儿。

2. 与自身修为有关

这种时候出现公主脚的女人，一般都具有较高的文化程度，自尊心比较强且爱面子，遇到负面事件时比较矜持。她们对人格尊严很在意，那是她们的心里底线，你轻易不能触碰。

观察公主脚这种肢体语言，要与另外两个线索结合起来一并解读才更有意义。

一是观察犯罪嫌疑人的手部。看她的手部是不是局促不安，是不是在暗暗用力，这很重要。观察肢体语言叠加出现会更加准确地对此时的心理情绪进行描述，对于我们精准研判有着重要的意义。

二是要观察犯罪嫌疑人的面部。大家都知道，人的面部是表情最丰富的区域，所有关于心的感受在人的面部都可以找到相对应的线索。

而在审讯中看到公主脚出现的时候，侦查员主要还是要留意犯罪嫌疑人的脸色是否沉重，那看似处乱不惊的表面背后下，是不是隐藏着一丝丝的不自然。

3. 告诉别人你是保守的

有的女性犯罪嫌疑人在面对审讯的时候，双膝是紧紧并拢的。这个动作与双腿侧位交叉相叠加显然不一样，细微的区别正说明了犯罪嫌疑人在个性上的不同。

面对审讯的时候，出现双腿并拢动作的犯罪嫌疑人一般性格都比较拘谨，文化程度不是很高，面对陌生的环境或者陌生人时常常会显得有些紧张。这样的人喜欢用沉默来面对问话，因此在对话上有时会让侦查员感到困难。

双腿并拢

王某是一个单位的出纳员。她利用管理单位现金的便利条件，为单位购买物品的时候私自加大发票的数额，将报销后多余出来的现金据为己有并挥霍，这是典型的贪污公款的行为。

案发后，侦查机关因为对前期的初查工作做得很到位，所以在证据非常充分的情况下对王某进行了传讯。

王某属于那种文化程度不高、性格有些保守内向、给人一副谨小慎微的感觉的人。坐在办案区里的王某双腿并拢，微微侧着身子，头一直低着应对审讯。这种场面看起来有点儿像审讯人员在唱独角戏。任凭你说什么、怎么说，王某就如泥塑一般，不说话也不动。

　　耐心用尽的侦查员焦躁感泛滥，感到这场审讯自己已经尽力了，面对这样的困局实在是无能为力。

　　是的！因为害怕而不敢面对，因为不知道该怎么办所以就不回答，因为恐惧陌生环境而不断地进行防守，这就是王某当时的主要心理。面对这样内防严密的心理态势，一味地单刀直入，一味地炮火猛攻显然是错误的。这就如同重拳击打棉花堆，只是用猛力是没有效果的。

　　接下来，侦查指挥员换了审讯人员，也改变了强攻的做法。他们先后采用了两种办法，最终突破了犯罪嫌疑人口供。

　　一是尽可能地消除王某的紧张惧怕情绪。这当然是避开涉嫌犯罪的事实问题了，先从无关紧要的生活琐事开始，一点点地建立熟悉与对话，消除王某因害怕而生成的拒止心理。这种粗看起来似乎是无关紧要的交谈，其实非常重要，因为只有消除了对方严重的戒备心理，才能建立后面的沟通渠道。

　　二是使用步步围堵的方法。所谓的步步围堵，就是用我们掌握的充足证据，按照时间顺序从最无关紧要的地方开始，问一句要求犯罪嫌疑人确认一下，再问一句要求犯罪嫌疑人再确认一下，这样逐渐地接近问题的核心。因为最开始的问题没有什么威胁性，所以不会引起犯罪嫌疑人的警觉。随着问题的逐渐深入，犯罪嫌疑人的戒备心理也逐渐松弛，不会因为问题突然冒出来并且带有危险性而生出拒止心理。

当涉及犯罪的问题一点点展开的时候，因为是按照时间的顺序排列下来的，犯罪嫌疑人回答了前一个问题就必然要回答下一个问题，这种步步紧逼的问讯方式让犯罪嫌疑人在不知不觉中渐入侦查员预先设计的方案中。

当所有的问题都讯问完结的时候，也就是犯罪嫌疑人把自己涉嫌犯罪的事实如实供述结束的时候。

实践证明，这种用证据进行步步围堵的审讯方式，正是对付这种不愿开口、戒备心理强的犯罪嫌疑人的有效利器。

4. 开放性腿型

所谓的开放性，就是指犯罪嫌疑人大大咧咧、不拘小节地坐在那里，腿、脚上的动作很随意，没有什么章法可供遵循。

这当然与犯罪嫌疑人的性格有关系了，性格有点儿粗、心思不够缜密、心直口快、无知而无畏都是这种人的特点。面对这种性格的犯罪嫌疑人时，侦查员很容易犯的一个错误就是与他们发生语言上的冲突。

一般人可能不知道，这类不拘小节性格的犯罪嫌疑人不知不觉中都喜欢用肢体语言来挑衅审讯者的权威。

这种实质上的心理战完全是在没有预案的情况下发生的，但几乎所有持这种秉性的人，在遇到负面心理情境的

察颜观色

时候都会首先使用肢体语言作为自己的第一选择来抗拒。其实这只不过是性格使然，有什么样的性格必然会有什么样的行为方式。

这种用不规矩的肢体语言来挑战权威的做法其实并不少见。不论你是老师在批评学生，还是你是家长在教育孩子，如果对方四肢散漫地打开，一副慵懒的样子坐在那里，

懒散地打开自己，将一切都暴露无遗，是用无声的肢体语言在告诉你："我不怕你！你不能把我怎么地。"

懒惰就不需要用力，因为不惧怕，所以没有为躲避逃离等做准备

四仰八叉

这说明对方的心里其实对你一点儿都不服气，而且他的心里实际上是在挑衅你。所以你若是没有必胜把握，还是马上偃旗息鼓收兵吧！因为你苦口婆心式的谆谆教导对他来说其实一点儿用都没有。

这种用开放式的肢体语言来挑战权威的现象，它的最

大特点就是不着力，也就是说，被观察者的身体的任何一个部分都没有特别用力的情况。因为是挑战权威，所以他在内心深处并没有把你当作是什么威胁。

我们曾经说过，审讯是一个争夺心理制高点的过程。犯罪嫌疑人依托的是完全掌握案件事实的心理制高点，而侦查员拥有的是强大的信息收集能力与信息完全不对称的心理制高点。

若现在犯罪嫌疑人想仅仅凭借傲慢的肢体语言就来抢占审讯中的心理制高点，侦查人员是绝对不能允许的。一旦出现这种肢体语言，就应该立刻制止，绝对不能对这种不敬的行为放之任之。

矫正是必须的。只有行为方面的有效矫正，心理上才能正常归位；只有放下身体上的傲慢，才能最终放下心中的狂妄。

（三）逃跑的脚

脚总是在第一时间最忠诚地履行着脑的意图。在人体的其他部位接受到脑的指令后，态度尚不明朗的情况下，脚的执行力绝对是忠贞不贰的。

逃跑的脚在现实生活中处处可以看到，形式也是多种多样。有一个有趣的现象：假如一男一女并排而坐，他们的面前是一个全封闭的桌子，外人能看到的只是他们露在桌子以上的身体部分，而他们的腿与脚则完全被桌子挡住看不到。

这时如果两个人的关系是完全陌生的，没有任何感觉或者交流，那么此时若是两个人的脚无意中碰到一起，他们会立即挪动自己的脚进行分开和躲避。

因为脚完全代表着心意，没有心灵对对方的认可，脚是绝对不会与他人的脚进行接触的，一旦有了不恰当的接触，脚就会马上进行逃离。

但是假如一男一女两个人显露在桌子以上的身体及面部看起来完全是若无其事的样子，但是隐藏在桌子以下的两只脚却在彼此寻找，如胶似漆地缠在一起，那不用质疑，他们此时早已经是心生爱慕了，他们彼此的关系早已经是难舍难分了。

记得有一次我给初任检察官授课，讲的是"观察的方法与技巧"。因为听课的人基本上都是刚刚考上检察机关的人员，他们的司法实践经验很少，所以我在讲课的时候，就更加侧重介绍一些概念和基础知识。

课间休息的时候，一个年轻的女孩子走过来，有些谨慎地与我探讨，说自己很喜欢读心术，平时也买了不少这方面的书籍翻阅。她的问题是，看书的时候似乎什么问题都一看就明白，但放下书面对现实的时候又好像什么都不明白。

这个女孩子遇到的问题其实是许多喜欢读心术的人遇到的带有共性的问题：大家在看书的时候，对于看到的知识、技巧都懂，但是放下书在现实中该怎么应用自己学习到的知识与技巧就都一派茫然。

我笑着对眼前的女孩子说："这就是所谓的理论联系实际的问题，比如现在你过来与我探讨问题，因为你我之间本来陌生，你不知道对于你的探讨我会持什么样的态度，所以你的心里就会有些许的不安。为此你做好了两手准备：一是如果我很真诚地对待你提出的问题，你就会安心地与我进行更多的对话；二是如果我对你的态度比较冷淡或者傲慢，你就做好了随时离开的准备。"

我的话让对面的女孩子瞪大了眼睛，她有些惊奇地问："你是怎么知道这些的呢？我的心里确实就是这么想的。"

我说："你是怎么想的我当然不知道，但是你的脚告诉了我你的这些心意。"

其实很简单，那个女孩子在与我说话的时候，她的身子一直是有点儿微微地侧着对我，而她的一只脚的脚尖不像另一只脚的脚尖一样正对着我，而是偏向了门的方向。

大家知道，我们在与他人进行交谈的时候，正常情况下都是双脚自然分开与肩同宽，身体正对着对方进行沟通的。但是这个女孩子因为陌生等因素的影响，在与我交谈之前她的心里就有了顾忌，担心我会冷落她。于是在自尊心的作用下，她就很自然地做好了如果我不热情她就随时离开的准备。因为有了这样的心思，虽然只是暗暗的微弱的一点点心思，但是忠实履行职责的脚却是不折不扣地完全执行了主人的指令。

所以，看着女孩子那微微侧着的身子，看着她那脚尖冲向门口的脚，我自然毫不费力地就说出了她此时此刻的全部心思。

在学习读心术的过程中，许多人会出现拿起书来全都

195

能看懂，放下书后全都懵的情况，这其中的奥妙恐怕就是因为没有养成一种好习惯，这个习惯就是观察。

千万不要以为你有一双明亮的眼睛就可以看清楚一切事物，其实很多时候你空有一双明亮的眼睛，但是往往对于真与假、是与非是视而不见的；同样不要以为你有一双灵敏的耳朵，就可以听清楚一切声音，其实许多时候你对于别人的口蜜腹剑是无法鉴别的，对于他人发自肺腑的良语箴言往往是充耳不闻的。

养成细致入微的观察习惯，才能敏锐地洞察到眼前稍纵即逝的一切线索，这种观察是一种基础性的能力，是一个人应该具备的各种好习惯中的一种。观察是一切觉悟的开始。

逃跑的脚经常出现，但是在侦查工作中最常见的不外乎有两种。

1. L 脚

L 脚就是前面我们举例说明时提到的样子。有这种动作的流露者在与你对话的时候，他的两只脚其中的一只不是正对着你，而是随着谈话的进行，不知不觉中因为分心了而朝向了门窗或者开阔的方向，此时这个人的两只原本应该正面朝向你的脚，却由于其中一只脚的摆放而成了大写的英文字母 L 而命名。

因为这个动作发生在脚上，所以具有一定的隐蔽性，不容易被人观察到，但是稍加留意会发现，这同样是一种经常能看到的肢体语言。

只要犯罪嫌疑人的自我防御系统感觉到了危险，而这种危险又真实地存在并对犯罪嫌疑人造成了压力，L 脚就会及时地出现。

因为心中有了恐慌，行为上就会有所体现。在我们自己还因为各种各样的原因而迟迟举棋不定的时候，脚的行动已经明目张胆地开始了。

L 脚是逃跑，这种逃跑体现在人的脚上，展现的都是人的心理。我们人体防御系统的智能化程度之高，已经远远超出了我们自己的想象。有的时候面对迫在眉睫的危险即将来临时，在我们的意识还没有完全明了的情况下，以脑缘系统为核心的人体防御系统就已经开始全面启动，对即将到来的危险进行分析与评估。当防御系统感觉到危险系数太大，承受有风险的时候，就会自动启动逃跑模式，让人远离危险源。

但是，现实世界里人总是生活在各种限制之中，人总是不能完全按照自己的心愿任意妄为，因此当一个人因为感觉到危险来临而心生逃跑的念头时，有时客观上他真实的身躯并不能真正地实现逃离的愿望。

这种愿望与行为的南辕北辙，这种想法与现实的巨大反差，必然导致畸形行为的出现。于是原本是系统命令马上逃离危险，因为客观因素的限制，拔腿就跑的行为变成了偷偷摸摸的 L 脚。

侦查机关的侦查员在与案件当事

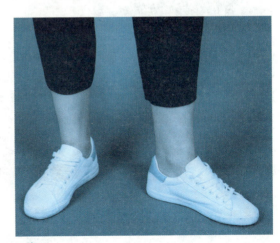

L 脚

人接触的时候，要留意一下 L 脚的出现。有的人感到重大的事情不涉及他的时候，他的一切言行都坦然自若，但是一旦案件的某一个事实或者阶段涉及他本人的时候，因为与他有关，而此事具有危险性，他的防御系统就会不受控制地启动评估程序。而当评估的结果是严重威胁，心理上感觉个体难以承受的时候，这种在侦查员看来如指路灯塔般一目了然的肢体语言就会不打自招地出现。

2. 抬起来的脚后跟

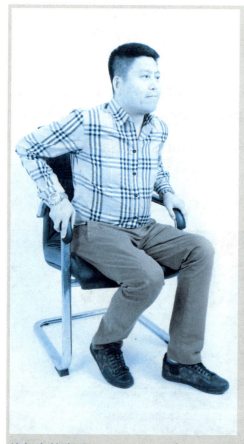

抬起来的脚后跟

无法安稳是这一综合肢体特征给人的最强烈印象。

这种安稳不只是体现在抬起来的脚上，还有那些不稳的身体，以及一脸的焦急，这些都是他此时心境的生动写照。

198

董某是一个农民施工队的队长，带领着基本上由本村人组成的施工队转战南北。他们的建筑资质比较低，只能干一些技术上要求不高的小工程。

在外闯天下不但艰辛多多，而且苦辣辛酸，备受习难。董某遇到问题基本上都是用钱来铺路解决，其中一些甲方的管理者更是雁过拔毛式地进行盘剥。

董某因为承揽工程而向他人行贿被传讯到办案区接受问讯。虽然侦查员苦口婆心地对他进行教育，并反复地陈述此事的利害关系，但是董某坐在那里就是不说话。随着时间的推移，开始还有点儿木讷淡定的董某变得坐立不安，特别引起侦查员注意的是：原本董某是双脚着地、双手自然放在两个膝盖上拘谨的坐姿，渐渐地他的手开始向胯部移动，在裤腰及大腿处使劲地搓。而他的脚开始回缩，两只脚的脚尖点地，而脚后跟却时不时地离地抬起。

这是系列经典的肢体语言展示，董某的双手在裤子上搓动是在缓解自己心中难以抑制的焦虑之情。而他那双不时离地抬起来的脚后跟，则是在述说着自己那颗因情感纠结而渴望逃离的心。

讯问工作陷入僵局，沉闷局面一时难以打开，该如何破解这一困局呢？

经过分析，大家认为，董某是村子里的大能人，带领村子里的人出来闯荡确实不容易，尤其是在当前建筑市场管理混乱、贿赂办事风行的时下，许多管理部门不给钱不办事，给了钱就乱办事。在这种大环境下，董某领导的队伍要想在一个地方找到活干立住脚，不按潜规则送钱给人家是不行的。

所以，可以肯定的是，董某完全是靠向有关人员行贿才能生存与发展的。也就是说，他的熟人关系网是他通过行贿建立起来的发财之路。现在让他交代自己通过行贿承揽工程的事实，从另一个角度来说，就是让他亲手掐断辛辛苦苦用血汗钱建立起来的生财渠道。

董某本人对那些吃拿卡要的官员们一定是深恶痛绝的，但身后的百十个乡亲的期待，又让他不得不违心地去这么做。

现在他自己深深地陷入了纠结的困局：如果不交代，那么面对侦查机关的有力证据，自己是无法给出合理的解释的；如果交代，就会马上失去用血汗钱建立起来的关系网。他此时既为自己面对的局面害怕忧心，又担心如果交代了行贿的事实，不但会失去在此处发展的机会，恐怕连现有的工程款都结算不回来。

侦查员们分析、研判了董某的内心活动后，直接避开讯问行贿的事实部分，与董某聊家常式地谈起了在外生活、揽活、施工、结算等话题。结果，开始董某还不怎么愿意说话，后来话题打开后，董某就越说越激昂。从老家务农的不易到外出承揽工程的艰辛，从处处受盘剥的屈辱到事事需要用钱铺路的心痛，他不但全盘都说了出来，而且还主动向侦查机关提供了自己秘密记录行贿数字的笔记本。

当然，董某也向侦查机关提出了一个请求：他不准备在这里再做工程了，他希望侦查机关能帮助他清算回剩余的工程款，之后就带领他的队伍回家务农。

在这场攻难克坚的审讯中，侦查机关遇到了难以突破的障碍，如果只是一味强攻，由于董某的心结没有打开，那么强攻的结果很难向好的方面发展。

我们知道董某一方面面临着自己可能身陷囹圄的困境，另一方面需要牺牲自己辛辛苦苦用血汗钱铺成的挣钱渠道，这两者都不是他希望发生的，而残酷的现实使他又必须在这两者之间做出一个选择。这种巨大的冲突选择必然使董某既纠结不已，又焦虑不安。

深陷这种困境中的人，矛盾的心理与复杂的情感必然要通过一些明显的肢体语言表露出来。要知道这种时刻捕捉到的肢体语言线索，既是流露者真实内心感受的外在表现，也是我们打开他内心之锁的钥匙。

（四） 他的鞋带怎么了

在侦查活动的实践中，总会遇到各种各样的肢体语言，有一些肢体语言是我们在生活中经常能见到的，而有的时候遇到的肢体语言却让人有莫名其妙的感觉，乍看起来不知道所以然，但是细细解读，它的内在含义就一目了然了。

在一次审讯中，虽然犯罪嫌疑人还没有开始交代自己的罪行，但是审讯的整体节奏进展还算顺利。犯罪嫌疑人给侦查员留下的印象还是可以的，没有明显的对抗情绪，也没有理屈词穷式的狡辩。

但是随着审讯工作的逐渐展开，侦查员发现了一个有点儿奇怪的细节，那就是每当他刚刚提到一个事先准备好的话题的时候，犯罪嫌疑人就弯下身子去系他的鞋带。

开始犯罪嫌疑人的这个动作并没有引起侦查员的注意，但是那个弯腰系鞋带的动作实在是太多了，而且侦查员发现被犯罪嫌疑人特别关心的鞋带其实并没有松开，也就是说鞋带并没有需要重新系上的必要，但是犯罪嫌疑人为什么要经常性地关心他那原本系得挺好的鞋带呢？

这当然是一个问题，是一个不经意间就会被忽略了的问题。如果一个人的鞋带真的松开了，他发现后把它重新系好，这当然无可厚非。

可是问题是他的鞋带并没有松开，也就是说那个鞋带没有反复被关注的必要性。既然一个行为的结果被定义为不符合常理，那么就一定会有另外一种应该合理的解释才行。

犯罪嫌疑人反复地去关注他的鞋带，其实与鞋带是否松开了没有关系，他出现这种莫名其妙动作的真实目的是——转移，是注意力的转移。显然他内心清楚自己

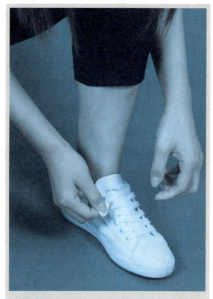

系鞋带

在相同的心理情绪作用下，因人而异会出现差别很大的肢体语言。

同样是不自觉地想转移注意力，有的人会选择摆弄鞋带，有的人会选择咽一口水，而有的人可能会选择咳嗽一声来实现注意力的转移。

当前面对的是什么样的局面。这种局面即将带来的严重后果让他因紧张害怕而惴惴不安。

所有的人都有趋利避害的生物本能，虽然犯罪嫌疑人在态度上采取配合的姿态，但是每当侦查员的话题试图涉及实质性问题的时候，犯罪嫌疑人的心里都会强烈地感觉到阵阵的不安，这种不安的根源是利益的取舍，他的内心不想也不愿意面对这种实质性的问题。这时通过转移注意力来躲避引起不安的因素，就再正常不过了。

通过使用一些行为来转移或者淡化注意力，是心理学中进行心理治疗的常用方法。在审讯的特殊经历中，有的人在面对极端不愉快的心理体验的时候，也会出于生物自我保护的本能，选择用转移注意力来淡化即将到来的危险。这对于涉案的犯罪嫌疑人来说是不得已而为之，对于我们从事侦查工作的人员来说是完全可以理解的。

正因为有这种心理因素的存在，所以就有了侦查员一提到具体问题，犯罪嫌疑人就去系他的鞋带的动作。侦查员再一次提到敏感话题，犯罪嫌疑人就再一次去系鞋带。很显然这种看似可笑的注意力转移行为，具有减轻心理压力、消除外来因素带来恐惧的作用。

因此，这种时候制止犯罪嫌疑人画蛇添足的动作，是进行有效审讯的必然之举。

需要注意的是，现实生活中我们能遇到的问题总是花样繁多的。有的时候你不允许他总去系鞋带，但是因为他的紧张害怕心理并没有解除，因此他会在你说到关键性问

203

题的时候，又去摆弄他的裤脚。这不过是犯罪嫌疑人在没有办法的情况下，情不自禁实施的又一种变相转移注意力的行为，从而达到避开危险的企图。

有一种类似的肢体语言，需要加以区别。

在审讯的时候，有的犯罪嫌疑人在供认与不供认的关键时刻，会不断地把自己的衣服袖子卷起来又放下。这种动作乍看起来好像是他有点儿热了，所以卷起袖子清凉一下。但是你若仔细观察，会发现即使在屋子里的温度并不怎么热的情况下，犯罪嫌疑人还是在不断地卷起袖子又放下来，可以肯定的是，这个时候他卷起衣服袖子与室内的温度高低没有关系，他是在做一种重复性的活动。

这个动作既然与室内的温度无关，那么一定与其他的因素有关。那么如果我们再延伸观察会发现，这种摆弄衣袖的犯罪嫌疑人与摆弄鞋带的犯罪嫌疑人，在面部表情上是有比较明显区别的。

摆弄鞋带的犯罪嫌疑人是因为觉察到危险的迫近，想通过转移注意力来实现躲避的目的，因此他们的表情一般来讲是显得若无其事的样子，这样才能起到淡化的效果。而摆弄衣服袖子的犯罪嫌疑人则完全是另外一种内心体验。

很多时候一个人的手是伸展露出在外还是回缩消失不见，往往直接代表着这个人的内心是自信的状态还是信心丧失的状态。

因此，在审讯中犯罪嫌疑人在侦查员的饱和攻击中防线渐渐崩溃、信心渐渐消失的时候，就会进入动摇与纠结的状态。此时的犯罪嫌疑人内心处于极度的矛盾之中，在开口如实供述和继续咬牙挺住之间徘徊不已，犹豫不决。

当思考该咬牙挺住的时候，他自己给自己鼓劲打气，这时他就会在内在动力的支配下卷起自己的衣服袖子，露出手臂；而他考虑到罪行败露，证据确凿，自己再抵抗下去也是徒劳，已经回天无力的时候，心理防线开始溃败，自信心丧失全无，于是就会情不自禁地放下衣袖，潜意识里想让自己的手尽量少地暴露在外。

通过比较我们知道，在审讯的时候，犯罪嫌疑人出现摆弄鞋带的现象，是一种在内心里想转移注意力的潜意识行为。

而在审讯中犯罪嫌疑人出现反复卷起衣袖又放下衣袖的肢体语言时，我们更倾向于把它解读为因为自信心减少而出现的纠结和犹豫的现象。

（五） 二郎腿的解读

二郎腿这种动作是人们在坐着的时候，经常使用的一种坐姿，因为一个人长久地坐在某个地方必然会疲倦，而二郎腿这个动作却可以保证一个人悠闲地坐很久。

凡事都有例外，在办案区里，我们是不会允许涉嫌犯罪的人出现二郎腿这种坐姿的，究其原因，从普通心理的角度来看，二郎腿给人一种自以为是，放不下架子，不尊重的感觉。

其实在审讯这种特殊的情景中，营造气氛是非常重要的。大家都知道气氛对人的心理及情绪的影响是巨大的。严格地讲，灯光、色泽、语气、温度、态度等都属于审讯时气氛的范畴。

侦查的一个最主要的特点就是资源的不对等性：犯罪嫌疑人拥有对真实事件最知情这一独有的资源，而侦查机关拥有法律赋予的侦查手段这一资源。当犯罪嫌疑人被传讯到办案区里的时候，双方的资源不对等性就最大限度地体现出来了。这时，除了侦破工作必需的信息不对等性外，双方心理的不对等性也必须清楚地明示在那里。这其中就包括对接受问讯者的态度及行为的规范。

二郎腿显然就属于必须予以规范的范畴之列。我们之所以把二郎腿这个动作特别地提出来，除了它原有的清闲自在、放不下架子等社会性意义，其实这种动作还有更深层次的心理内涵。

1. 挑战权威

要知道，在审讯中挑战侦查员的权威性，几乎是所有犯罪嫌疑人有意无意中都会选择的方式。因为没有犯罪嫌疑人愿意束手就擒，所以虚张声势或是展示强大这些惯用的招法，都会被不同的犯罪嫌疑人拿出来使用。虽然没有共同的约定，但大多数犯罪嫌疑人在接受审讯的时候，总是希望让自己看起来更加强大一些，这样似乎不但能震慑住侦查员，而且能给自己打气，鼓足自己面对困境时忐忑不安的心。

显然自己给自己鼓气很重要，因为这毕竟是一种心理暗示。很多时候心理暗示具有非常强大的力量。有许多人对于自我暗示的依赖到了无法自拔的地步。

2. 放不下的傲慢

傲慢是一种源自于自我高度认可的膨胀心态。一个人居于傲慢之中，就会轻视眼前的一切。在面对审讯的时候依然展示傲慢的人，基本上都是曾经的高官望族。往日里这些人凭借着或是地位或是财富或是声望等傲慢的资本，在许多事情上一帆风顺，所以他们已经习惯于有效地利用傲慢的资本来逢凶化吉，遇难呈祥。

心里的傲慢是无形的，但流露在外面的就是表情及肢体语言，而二郎腿就是最常被用来展示傲慢的符号。

傲慢可以成为一种生活方式，傲慢也可以慢慢成为一个人的人格特征。让傲慢者放下傲慢，显然是动摇根基之举，这其中的不容易可想而知。古往今来因为坚守傲慢而舍弃生命者大有人在，可见傲慢对于塑造人品与性格的重要性。

3. 拒止

与前两种状况不相同的是，这是一种外强中干的表现。这种人的内心并不强大，遇事好冲动，总是把握不好事情的分寸。这样来定义他们，是因为有这种特征的人一般都具有一些标志性附加动作。

第一，跷二郎腿的

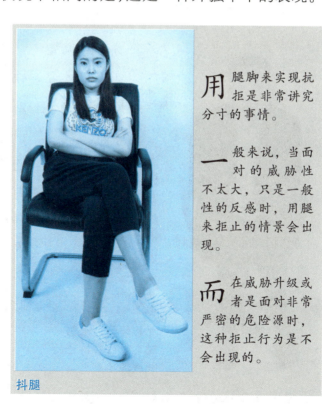

抖腿

用腿脚来实现抗拒是非常讲究分寸的事情。

一般来说，当面对的威胁性不太大，只是一般性的反感时，用腿来拒止的情景会出现。

而在威胁升级或者是面对非常严密的危险源时，这种拒止行为是不会出现的。

时候抖腿。

注意，这时的抖腿特别引人注意的是它的快节奏。本来是一个挺严肃的场合，他却在那里不合时宜地快速地抖着腿。

第二，话语多。

不能闭上嘴安静地待在那里，如果没有人与他进行交谈，他就会左顾右盼地寻找机会与人搭话。

这时犯罪嫌疑人跷起二郎腿，更多的意图就是惧怕眼前的危险，试图用跷起来的腿保持与危险源的距离，从而安抚内心的紧张与不安。

(六) 腿与手的关系

双手消失

其实不论是微表情还是肢体语言，一般来讲它们都会相继或者同时出现，比如在人缺少自信心的时候缩肩、前倾、藏手、收腿，谦卑的表情就一齐出现了。

这种负面心理线索复合出现的情形，说明被观察者内在情绪的激烈程度。

在审讯的时候，由于客观因素的限制，被审讯者坐在椅子上的姿势都是极其有限的，不像在开放的场合那样，人的身体动作呈多样化状态。因此，在这种特殊环境中犯罪嫌疑人的手与腿的关系也就只有不多的几种表现形式。

1. 双腿并拢，双手放在两条腿的中间

这是一种表示顺从，没有危险，不会反抗的肢体语言。一个人的手是攻击他人的主要武器。任何时候敌对的双方在见面的时候，让对方看到你的手里没有武器，是表示友好与和平的举动。因此，敬军礼的时候，一定是要让对方看到你的手掌，这样才是向对方展示善意与尊重。

同样，需要彻底降服对方的时候，也一定要他举起手来，证明他的手里没有武器，才能算是真正的有诚意。可见，一只手是握成拳头还是亮出手掌，是显露在外面还是藏了起来，意义显然不一样。

一个人把自己的双手夹在两条腿的中间，是在向对方表示服从的拘谨心理。

2. 把两只手分别放在两条大腿外侧

这个动作比较多样化，但是不论是把两只手分别放在两条大腿的两侧，还是放在髋骨的一侧，其实都是一种因为紧张而产生的自我安抚的动作。

性格内向、心理素质不好的人遇到令人紧张不安的事件时，都特别容易出现这个下意识的肢

搓腿

察颜观色

体语言。有意思的是，把两只手分别放在两条大腿外侧的人，在回答问题的时候，往往都伴随有语言不流畅的现象，这一点也可以从另一个方面证明当事人此时正处于何种紧张的心情。

3. 手放在膝盖上

我们看到一个人把手放在膝盖上的时候，心里一定会对他产生一丝同情之心，因为这已经接近于卑躬屈膝了。

低下头颅，蜷缩身躯，即使是在动物界中，这也是一种放弃抵抗、完全服从的肢体语言。

我们会发现有些肢体语言做起来很简单，它所想要表达的内在含义也一目了然。但是对于这样的肢体语言，你若是用言语或者文字进行描述，却不是一件容易的事。特别是想用精准的语言或文字定义一种肢体语言，那么这其中的难度就更大了。

把手放在膝盖上是向对方明示你的双手没有任何威胁，而且你低下的头颅是

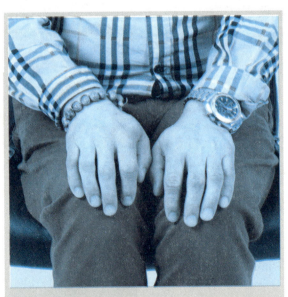
手放在膝盖上

这是一种自我卑微的肢体语言，拘谨的是身体，不自信的是心理。

210

向对方表示臣服。其实，可能连你自己都不知道的是，在你伸出双手、低下头颅的同时，你也蜷缩起来了自己的身躯。这是一个自我保护的动作，因为知道对方的强大，因为知道自己的弱小，因为害怕遭到伤害，所以在放下尊严、放弃抵抗的同时，蜷缩起身子，使自己的内脏器官最小面积地暴露给对方，从而减少自己遭到致命伤害的可能性。

因此，做出这种动作的人，在心理上是处于极端劣势的人。这类人一般都胆小怕事，遇事缺少主见，从众心理严重。

但是看到这种肢体语言出现的时候，千万不能盲目乐观。因为胆小怕事，害怕被伤害，渴望能得到保护，并不等于这个看起来挺窝囊的家伙马上就能缴械投降，把自己所知道的犯罪事实交代得一清二楚。人总是有企图与幻想的，总是有不甘心与侥幸心的。

所以在审讯中遇到这种距离彻底被征服只有一步之遥的情况时，来个急风暴雨式的趁热打铁，才是真正能取得审讯突破的有效之举。

4. 手端放在下腹部

千万不能小瞧这个不起眼儿的肢体语言，这种抱阳固守的姿势，是一种心有一定之规，以不变应万变的架势。

出现这种肢体语言的犯罪嫌疑人，不说是胸有成竹吧，也一定是属于心不慌意没乱那一伙的。他已经做好了应对你的准备了，就等着你放马过来呢。就从最简单的外在表现来看，一般的犯罪嫌疑人在面对审讯这种极端人生经历的时候，都会有一定的紧张与不安，所以在他们的身上你会很容易地看到不自然的表情，看到手足无措的慌乱，听到异常的语速及语调，看到坐立不安的身体在椅子上扭来扭去。

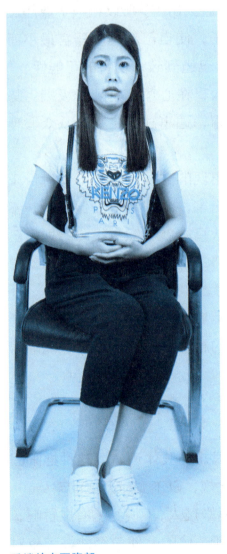

手端放在下腹部

然而，人端端正正地坐在那里，手不慌不乱地放在下腹部，这种显而易见的稳重，正是他内心不慌乱又稳如磐石的外在表现。

这样的犯罪嫌疑人坐在那里，做好了应对问讯的一切准备，但是却没有进入接受审讯的意思。我们知道，接受审讯是指犯罪嫌疑人在心里面服从侦查员的调度，从心理上认可自己被审讯的地位，在思想层面上思考侦查员提出的问题。只有具备了这些条件，审讯才能步入正常的轨道。

还有一种更加极端的肢体语言应当引起我们的注意，那就是犯罪嫌疑人毫无拘谨地坐在那里，不但双手重叠虚抱在下腹部，而且他的两个大拇指在那里缠绕不停。

212

这个肢体语言乍看起来与前一个肢体语言没有什么两样，但是区别在于犯罪嫌疑人那两个自顾自缠绕的拇指。

我在多年的司法实践中，以及在多年的实训教学中都遇到过类似的情况。许多侦查员也都谈起在审讯中遇到过犯罪嫌疑人在那里自顾自地缠绕两个大拇指的情况，结局基本上都是审讯以失败而告终。

这不奇怪，虽然遇到过这种情况的侦查员们不知道犯罪嫌疑人为什么要在那里玩缠绕手指的游戏，但是他们凭直觉都能感觉到审讯进行得并不顺利，眼前的犯罪嫌疑人显然对问话当成耳边风，没有一点点进入接受审讯状态的迹象。

 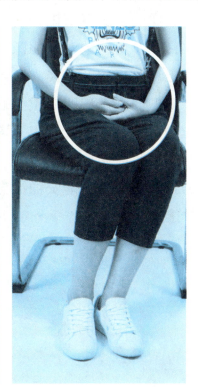

大拇指缠绕　　　　　　　　　　　大拇指停止缠绕

人的大拇指不但在功能上要重要于其他手指，而且在社会意义和人文意义方面也远远地高于其他手指。

大拇指代表着主人的信心、意向、毅力、果敢、自我，单单是一个大拇指出现，并且是昂起来向上的，就已经是在向外界招示主人的自信满满了。而两个大拇指同时出现，自顾自地在那里缠绕，那说明这家伙完全沉浸在自我充足的自信中，他在心理上根本就没有处于下风的意思，并且极度地轻视眼前的局面，轻视侦查员的出现。

两个大拇指出现是自信心爆棚的标志，双指缠绕是完全沉浸在自我意识里的标志。这时外界的信息及干扰对他来说没有任何意义，他完全有定力生活在自我的世界中。

这样的情况下审讯是无法进行的，必须打掉他的嚣张气焰，正颜厉色地对犯罪嫌疑人此时的身份进行定位，从心理上压制住犯罪嫌疑人狂妄的心态。而且在必要的情况下，要把他涉嫌犯罪的重要罪名或致命证据点示一下，从而起到威慑的作用，使犯罪嫌疑人知道我们的决心，明白自己所面临的困境。只有将气焰嚣张的犯罪嫌疑人的心理优势打掉，让他不能安稳地自我思考与防御，接下来的审讯才能顺利地进行。

第四节 说说人格特征

 **吊手腕**

吊手腕是说，一个人在说话的时候，他的手与他的手臂之间不是呈一条直线型，而是呈大约90°角，他的手给人的感觉是垂吊在那里的。

不自觉之中喜欢吊手腕的人，他的手腕总是比别人的手腕显眼、灵活，有更加多余的动作来展现自己。一般人的手腕部位几乎是被视线遗忘的角落，好像没有什么故事可讲，完全可以忽略不计。而吊手腕的人却总是喜欢露出手腕部位，不管是什么天气，也不论穿的是什么类型的衣裳，他的手腕总是能找到恰当的时机，让你能一睹芳容。

吊手腕的人一般具有精明、细心、观察力强、多疑、急躁、耐力差的特质。

人的手腕处有心包经与心经通过，而人体的这两条经脉都直接决定着人的情志及情绪疏导情况。对于那些气血充盈者来说，气血足则精力旺，精力旺则思维敏捷。

但事物都有其正与反两个方面。就气血充足来说，一方面它为这类人能够敏捷地思维提供了能量保障。但是另一方面，最新的科学研究证明心的跳动频率又会主动地影响脑的决策过程，这种血液的过分充足与流速似乎又让脑的决策经常陷入犹豫不决之中。

吊手腕

稍一留意就会发现，喜欢吊手腕的人总是能不露声色又恰到好处地把她的手腕显露出来。

思得过快，想得不细，性格急躁，也就是在所难免的了。因为这类人具有敏捷、细致、观察力强等特质，所以问讯活动中遇到此类人，必然会使审讯工作难度增加。好在这类人还有多疑、急躁、耐力差的负面特质，因此在审讯中有针对性地对这些负面特质善加利用，有的时候反而是克敌制胜的关键所在。

多疑恐怕是吊手腕者负面人格特征中最具有利用价值的一点。这类人正是因为多思而多疑，才会经常陷入思而不断、犹而寡决的困境之中。

因此，智慧的侦查员针对吊手腕者的多疑特质，只要相应地使用故布疑阵、欲擒故纵、高深莫测等计谋策略，就会无限制地放大他的疑虑，使他陷入自己的八卦迷魂阵中不能自拔。这种"以彼之技，还施彼身"的方法是针对此类人的一味良药。

此种多疑少断的特质，不但体现在具体的事件上，也会经常出现在对人的判断中。

所以喜欢吊手腕的人在与周围的人相处的时候，经常会对周围的人产生猜疑，这种猜疑会让周围的人感到此人喜怒无常。其实这是人格使然，吊手腕的人自己对于这些特点可能也是浑然不觉的。

（二）托腮

托腮，是指一个人经常喜欢用手托住自己的腮，好像若有所思的样子。

托腮的人一般具有比较天真、多思少断、耐受力较好的特质。说托腮的人天真并不是说他们的认知能力有多么幼稚，而是说他们的思路并不宽广，而且往往呈现多思少断的倾向。他们在遇到问题的时候，经常会在肯定自己与否定自己的思维怪圈中纠结不已。另外，托腮的人在遇到问题的时候更喜欢听别人的见解，而舍弃自己思索了半天的判断。如果让其独立进行思考，他们可能会因为犹豫不决而不知所措。

托腮是一种习惯。只要有需要动脑思考的事情时，具有托腮习惯的人就会自然而然地出现托腮的动作。

对习惯于出现托腮这一肢体语言的人进行审讯的时候，

对他发出明确而简洁的指令性问题，要他马上做出答复是最佳的问讯方法。因为喜欢托腮的人习惯于听从他人的意见，因此，明确而简洁的指令对于他们来讲是很难违背的。

一般来说，他们都倾向于正面回答指令性的问题。

但是不要忘了，审讯毕竟是一种极端负面的不良体验，任何人在面对审讯的时候，都有避重就轻的倾向，都有侥幸过关的意图，所以要特别注意喜欢托腮的人在面对审讯的时候会容易出现分心漏神的现象。

托腮

三 耸肩

耸肩是日常生活中较常见的一种肢体语言。人的许多耸肩动作都是伴随着语言或者较强烈的情绪出现的。细品味会发现，当一个人在表述一件事情的时候，出现耸肩的肢体语言时一般是在表达自己无奈，强调自己不知情，表示自己不确定，向对方示弱或者希望得到他人认可。

这样我们就可以把耸肩这种现象归纳为以下几点看法：一是说话的时候耸肩，说明他对自己所说的事实情节其实并不完全自信；二是他对正在述说事件本身的真实性不确定；三是有的时候是故意在示弱；四是这种肢体语言在一定的人群范围内，是一种具有普遍性的人格特质。

习惯耸肩的人具有善于观察、善于把握火候、对表述的内容往往在诚信度上有问题、关键的时候善于见风使舵的特点。

与具备这些特质的人打交道，显然不是一件容易的事。不吃透案情，没有详细的问讯计划，没有必胜的信心，就不能进行审讯活动。也就是说，要打有准备之仗。

耸肩

说话的时候喜欢耸肩，往往是表示对事件内容的真实性不确定。

而被指责或者接受盘问的时候耸肩，除少部分人是缺少自信以外，而绝大多数人其实是在展示一种示弱的假象。

（四）　抖腿

在中国有句老话叫作"男抖穷，女抖贱"。有中医学者从中医的角度认为：如果一个男人没事的时候老是抖动腿，这说明他肾精不足。肾精足则肝壮，肾精不足肝精就不足，而肝精不足就易出现抖动的现象。

之所以说"男抖穷"，这是一种隐喻，是因为肾精不足的人敛不住虚火，因此容易烦躁，遇事易发火，做事不理智，控制不好情绪，容易激动，在复杂的社会竞争中把握不好分寸，失败的概率就大。

而"女抖贱"当然也是一种隐喻，是说女人肝血不足，肾精就不足，就容易在家里坐不住。有的小说中写一些女人喜欢到门口扶门而立，左顾右盼，爱在窗前依窗而伫，搔首弄姿，可能就是这种情况。在古人看来，这样的女人不但有伤风化，而且会给家庭带来灾祸。

但是从行为心理的角度来看，抖腿的人一般具有这样一些人格特质：机敏、自私、固执、自我。

在不自觉的情况下喜欢抖腿的人一般都是比较机敏的人，这种人遇事反应特别快，能很快地领悟别人的意图，所以他们比较容易与人相处，在一个陌生的环境里能很快地与身边的人熟悉起来打成一片。

但是固执与自我也是这类人的一个特别突出的特点，他们一般很少考虑别人的想法或者感受，凡事都喜欢从自我的角度出发，而且习惯于放大自己的不愉快感受。他们一旦形成了自己的观点就极难被说服，有的时候在捍卫自己的观点时会有极端的举动。

自私是这类人的另一个特质。这类人对于别人为自己所做的众多付出，往往是视而不见的，因为在他们看来那都是再正常不过的事情。然而他们若是为别人做了什么付出，那对他们来说将是一种很了不起的付出；若是他们为别人做了一件事情，那么在内心感受上他们也会不自觉地放大这种感觉。

从自己的角度出发，很少顾及他人，能把自己照顾得非常好，经常怡然自得地活在自己的境界中，就是这类人的普遍特征。

曾经有人问起抖腿代表着什么意思？当一位女士听说抖腿的人一般比较自私的时候，她说她的老公没事的时候就喜欢抖腿，但是她老公对她挺好的，极力地辩称她的老公一点儿都不自私。

这是一件很有意思的事情。这位女士喜欢抖腿的老公可能确实对她很好，他们也很恩爱，给她花钱也很大方，但这些并不能说明她那个喜欢抖腿的老公就不是一个比较自私、自我的人。因为有的时候爱是没有比较的，自私与自我也不是千篇一律地对谁都那样。我们在这里所说的人格特质，是说有这种肢体动作的人有这种内在特质，这既是他们的思维方式，也是他们的行事风格。绝大多数时候，他们的行为都会表现出这样的特点。

一切行为的背后都是脑支配的结果。抖腿的时候人一般都不知不觉地沉浸在自己的思绪中，对于外来的信息经常会进行选择性接受。因为反应机敏又容易有自己的主见，所以这类人被说服的可能性不大，也就是说他们很难听取别人的意见。

如果在审讯中发现犯罪嫌疑人抖腿，那最起码说明有两件事情需要引起我们的注意：一是犯罪嫌疑人是一个机警而又固执的人。对付这样的被审讯人员，审讯的难度是比较大的，往往都会出现对抗局面，若没有充足有力的证据作支撑，这样的审讯很难取得实质进展。二是人在抖腿的时候，也正说明他此时基本上处于非常自我的境界，是有意地沉浸在自己的意识框架内，对外来的信息有意无意地进行排斥，这可以看作是一种对抗审讯的方法。这种情况下审讯是没有意义的，应该马上对其进行行为矫正。

抖腿

众多的实践证明，用行为矫正来矫正心理状态是一个行之有效的手段。

但是审讯中面对抖腿的人也并非对侦查员没有什么益处。

首先，当犯罪嫌疑人在那里悠闲地抖着腿的时候，我们应该清醒地认识到，此时此刻的他完全沉浸在自我感觉良好的状态中，而不会轻易地跟着我们设定的节奏进入审讯中来。这样的犯罪嫌疑人此时自认为有充足的理由来对付审讯，精于盘算、反应机敏的他做好了对抗的准备。

其次，不要忘记观察犯罪嫌疑人那抖腿的节奏。正所谓知己知彼，百战不殆。节奏乃是心的状态，心中泰然自若，节奏定然稳健，然心中慌乱，节奏必然紊乱。所以细致地观察犯罪嫌疑人抖腿的节奏如何，就可以清晰地窥见犯罪嫌疑人的心理状况。

最后，注意犯罪嫌疑人抖腿的频率。因为我们在问讯中会不断地用策略对犯罪嫌疑人进行施压，这种外来的具有危险性的信息必然会不断地被犯罪嫌疑人接受。这些信息被接受后会给犯罪嫌疑人造成什么样的压力，在这些压力的作用下犯罪嫌疑人会出现怎样的心理情绪变化，许多时候就会在他的抖腿频率上流露出来。

比如说犯罪嫌疑人本来坐在那里悠闲地抖着腿，可是当侦查员问到一件事情或者提到一个人的名字的时候，犯罪嫌疑人那本来轻松悠闲的抖腿，忽然不自觉地加快了速度。不用说，一定是方才侦查员亮出的信息，给他的心理造成了强烈的冲击。这是不容忽视的线索。对这样的线索进行收集并梳理，会让我们在与"高水平"犯罪嫌疑人的较量中，始终处于主动状态，并时时根据犯罪嫌疑人的心理变化及时调整审讯内容与节奏，从而占领心理制高点，抢得先机。

（五）侧把臂

侧把臂是一个看似不常见的动作，但其实是日常生活中见多不怪的一种肢体语言，只不过经常被我们忽视。

侧把臂

做出侧把臂这种肢体语言的人，其人格特质中往往具有谨慎、多疑、猜忌、缺少主见的倾向。

对喜欢不自觉中做出侧把臂动作的人进行观察，你会发现，他们在日常生活中一般都是处处谨小慎微，事事举轻若重。遇到任何事情，他们都很难独立地做出决断，总喜欢不自觉地向他人征求意见。虽然这类人遇到事情的时候喜欢向别人求助，但由于他们多虑少断的特点作祟，又很少能果断地采取他人的建议，所以经常出现反复征求意见又反复找出各种不信任的理由来说服自己的现象。

正是因为这种犹豫不决的习惯越来越根深蒂固，因此喜欢侧把臂的人在日常生活中经常会陷入各种各样的麻烦之中，身边人或者他们自己也会疑惑为什么麻烦总是缠绕着他们，小坎坷为什么总是在他们的左右"不离不弃"。

　　还因为遇事多疑而又缺少主见，因此喜欢侧把臂的人往往在现实生活中喜欢不自觉地盲目从众。

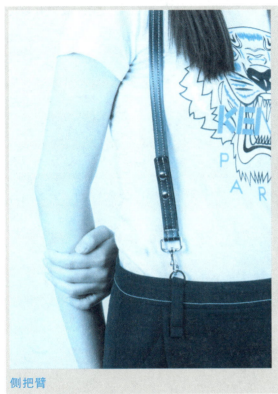

侧把臂

习惯于不自觉中侧把臂的人，由于拥有较多瑕疵性人格特征，因此与这类人相处会比较累。

他们希望凡事都能有人引导或主导，而他们更倾向于跟从，而自作主张显然不是他们的强项。

　　他们总是习惯于看他人的脸色行事，容易被身边人的举动所影响。这种从众的心理再加上容易受影响的习惯，会让他们经常出现在被骗者的名单上，而且这种低级的错误还会一而再再而三地重复上演。

　　显然遇到喜欢不自觉侧把臂的犯罪嫌疑人时，他的这一无声的语言是在明明白白地告诉我们，他有哪些缺点与不足，而这些缺点与不足又是他人格特征的一部分，是他自己没有意识到的，并且也是他自己没有办法能克服的弱点。

　　因此，作为侦查员要善于把握这一线索提示，要针对他的人格弱点进行攻击。要知道，人格特征上的弱点，是人类最致命的命脉，对人格弱点的攻击往往是摧毁性的。

CHAYAN
GUANSE

第四章 综合部分

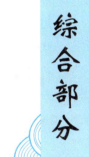

人的微表情与肢体语言总是精彩纷呈的。有的人在说话的时候可能并不善于借助于微表情或肢体语言进行渲染，而有的人在说话的时候却喜欢绘声绘色地讲述，手舞足蹈地比画。遇到那种说话的时候表情丰富的人，单单是欣赏他或她那绘声绘色的表情表演，就足够让人陶醉了。

微表情与肢体语言涉及的研究内容非常丰富。但是在本书中，我只是把研究的目光集中在侦查机关在与案件当事人接触时经常能遇到的情景内容上，至于其他的与侦查活动无关联的内容基本上不涉及。

侦查活动中的问话环节，是一种极其特殊的人生经历，因为要面对一直被深藏着的不可告人的事件，要面对胆战心惊完全陌生的办案场所，要面对威严肃穆、专业性十足的审讯者，要面对原本自己心存侥幸其实早已经大白于天下的证据等特殊的因素。处在被审讯地位的人，会经历怎么样无助又无奈的心理历程，恐怕是没有亲身经历的人凭空猜想永远也想象不到的。

这就是为什么有的作家或者有的人写的侦探作品，在涉及侦查工作细节的时候，在大多数读者看来那是非常精彩刺激的，但在有过侦查经历的人看来却显得非常可笑。可能这就是俗话所说的"外行看热闹，内行看门道"吧。

我在前面的论述中，都是把与侦查有关的一些微表情或肢体语言的线索一个个地罗列出来，然后进行分析与解读，并不时地将一些案例穿插进来，使大家能更加直观而真实地掌握观察与分析的技巧。

但是，生活与写作不一样。生活是错综复杂的，又千变万化的，不会有一个永远固定在那里的模式等着你去套用。而写作只能找出最具有代表性的微表情或肢体语言，然后将这些例证作为教学的模板给大家一一进行破解。

因此，观察、学习、解读微表情与肢体语言都不能刻板固化，不能死记硬背一些要领，更不要相信什么一招制敌的绝技。要因人、因事、因时灵活掌握，才能真正练成火眼金睛，才能于无声处听惊雷，在平常中觉察出不平凡之处。

因为讲解的需要，我只能一个线索接一个线索地进行分析、评判，但是在生活与工作中，我们所遇到的微表情与肢体语言都是连贯的，都是受时间、事件、情绪、性别等因素影响的，因此只有综合考量各种已知的条件，才能真正准确有效地破解微表情肢体语言背后隐藏的事实真相。

第一节　因人而起的各种差异

就像每一个人都有属于自己的长相一样，不能跟他人完全相同，微表情与肢体语言也会因人不同而有所不同。但这并不是说微表情与肢体语言就杂乱无章，让人不知道该从哪里下手而无所适从。

我们所论述的具有典型性的微表情与肢体语言，是在大众中具有一定的共性与代表性。也就是说，差别是有的，但总是有更多的共性可供我们去寻觅它的影踪。

（一）　性别之异

男、女性别的差异，在许多方面都造成了两性之间的差别与不同。我们用说话交流来作为一个例子，几个女人在一起的时候，就会叽叽喳喳地说个没完；而几个男人在一起的时候，却是东一句西一句地说不上几句话。

据说，曾有人做过一个实验：把几个不相识的女人关在一个密闭的屋子里，没用多久，她们就都聊得非常熟了，有些女人之间甚至已经成为好朋友。而同样是把几个不认识的男人关在一间密闭的屋子里，过了一段时间来查看，发现他们基本上谁都没有搭理谁。

在审讯环节上，我们也应该注意到男、女之间是有一些区别的，虽然这种区别不像性别或是生活习惯那样明显地为人所熟知，但是因为思维习惯及心理感受不同，区别还是有一些的。

比如，在办案区里的时候，大多数男性犯罪嫌疑人的肢体语言体现在身体上或双手上。而女性犯罪嫌疑人的肢体语言大多数体现在手与头部的互动上。

再比如，男性犯罪嫌疑人面临被审讯的困局时，更多的人关注的核心问题是如何逃脱即将面临的厄运，更在意的是自己的政治命运会如何。而女性犯罪嫌疑人在被审讯的时候，思考更多的是别人会怎么议论自己以及自己一旦进入监狱之后，是否能适应那恶劣的生活条件。

还有的男性犯罪嫌疑人在进入办案区接受审讯的时候，往往因为心理压力大而呈现焦躁或是沉默寡言这两种极端的现象。而女性犯罪嫌疑人在进入办案区接受审讯的时候，基本上开始阶段都是用沉默寡言这种招法来以不变应对万变的。

二 文化差异

文化是对人内在素质的熏陶，其实文化教育对于人来讲，通过潜移默化对人影响最大的是改变人的认知能力。

人的认知能力决定了人的眼界与世界观，有什么样的认知力，就会有什么样的行为方式。

在审讯的时候，低文化层次的人群出现的肢体语言比较多，他们在这种特殊的环境中，往往更在意身体觉察到的危险；而在审讯高文化层次的人群时，由于他们对情绪的波动反应更加敏感，因此他们的微表情往往更加丰富。

有的时候在审讯文化层次非常低的人时，还会经常出现因为表述与理解上的巨大差异，而面临审讯人员与犯罪嫌疑人之间交流困难的局面。这种尴尬局面的出现，会令审讯人员的情绪出现不耐烦的倾向，而低文化层次的犯罪嫌疑人则会因为交流的困难频频出现，陷入更加惶恐不安之中。

这种双方的不耐烦与惶恐不安，一个是情绪上的大波动，一个是心理上的紊乱，这些都不是审讯中应该出现的因素，不加以有效控制，会影响审讯的正常进行。

（三）　环境因素

审讯的环境因素很少被人关注过，感觉这几十年来人们对于环境与人的关系始终就没有正确纳入到人们的视线里来。比如，审讯室里应该怎么样布局才最合理，最有利于进行审讯活动，几乎很少有人研究过。

据我所知，绝大多数审讯室在建立或是装修的时候，都是由施工队或装修公司拿出方案效果图，然后由领导来拍板决定的。现在因为规范化建设的需要，再加上考虑办案安全的因素，许多办案区的建设又由法警队来建设与验收。

这些环节或是方案的敲定，基本上都是与侦查科学无关的考虑与主观推断，很少有人从有利于审讯的角度来论证。比如审讯室的布局，我们能看到的关于审讯室的布局基本上都是开门见山就是被审讯人员的座席，而临门就座的都是审讯员。之所以审讯人员要临门而坐，则主要是考虑让犯罪嫌疑人离门远一点儿会更安全这种莫名其妙的理由。

而像色泽对人会产生巨大影响这种事情，就更没有人思考过了，都是装修公司习惯于采用的万能色彩米黄或者浅蓝拿上来应付了事。

其实，人类本来就生活在缤纷的彩色世界中，每个人都有对色彩的喜好或厌恶，色彩对人类的视觉及情绪影响是巨大的。有的色彩能让我们烦躁的心很快地平静下来，而有的色彩则会让我们能够聚精会神地思索。

即使是在动物界，对色彩的应用早就已经达到炉火纯青的地步了，而我们从事专门侦查工作的部门，却对色彩的利用茫然不知，这不能不说是遗憾。

色彩与灯光的合理搭配，更能让人专心进入思考状态，这非常有意义。因为许多时候，我们的审讯都是把时间浪费在如何让犯罪嫌疑人能听进去我们的问话，让他能专心地思考我们提出的问题。要达到这个目的，色彩与灯光是可以起到出奇制胜的效果的。

（四） 灯光因素

我看到过的办案区里面的装修，都没有考虑过灯光对于审讯的作用，其实光线对于人的心理及情绪来说影响效果非常之大。

目前的办案区里的灯光基本上只是考虑了照明的需要，没有人从促进犯罪嫌疑人思考、集中犯罪嫌疑人的注意力、有利于办案的角度来思考如何布置灯光这个具有心理学及科学意义的问题。

不论怎么说，只考虑照明的需要，而忽略审讯氛围的营造，是绝对不懂审讯心理的荒谬举措。

关于灯光的使用，我简单介绍一下，主要从两方面考虑：一是从犯罪嫌疑人的方面考虑。我们要求在办案区里面的嫌疑人要尽快地进入角色。试想，一个东张西望、心神不定的人，怎么能进入角色呢？还有就是犯罪嫌疑人要集中精力听侦查员的问话，设身处地地想，如果是处在一个过于明亮的屋子里的时候，这些需求又怎么能轻易达到呢？

其实，解决之道很简单，就是用一盏台灯来当道具。把屋子里的灯光都去掉，只留一盏台灯在 45° 角的方向照向犯罪嫌疑人的面部，这时因为只有台灯的光线集中在他的视野内，而隐去了屋子里其他无关紧要的东西，就能令犯罪嫌疑人快速而专注地集中精力，认真地倾听侦查员的问话，并且不分心地对这些问题进行思考。

二是从侦查员的方面考虑。侦查员并不都是神探级的高手，因此，问讯中的各种情况也会影响到侦查员，尤其是那些经验不足的侦查员，会把自己的喜怒哀乐等情绪都体现在脸上，这无疑会给渴望获得信息的犯罪嫌疑人捕捉到意外资讯的时机。

在只有一束灯光的空间内，犯罪嫌疑人被完全笼罩在光线里，而侦查员却置身于光线之外的黑暗中，只有声音从黑暗处传来，对犯罪嫌疑人进行问讯。

这时侦查员的所有表情都隐藏于黑暗之中，不给犯罪嫌疑人留有任何捕捉信息的机会。而在黑暗中发出的指令性声音，对于处在光线中的人来说具有极强的暗示性和难以抗拒性。

灯光没有作为一种有效的、非暴力的方法出现在审讯中，除因为绝大多数的人没有这方面的意识以外，也与许多人忽视审讯心理学有关。许多资深的侦查员都把精力放在强化审讯的技巧上，这一点当然无可厚非。但是审讯作为一个至关重要的侦查环节，在实施的时候有必要对于时间节点、室温、房间布局、色泽、灯光等因素进行综合利用，以期调动各种因素形成合力，再配合事先制定好的审讯计划，这样才能成为周全之策。

第二节　连贯解读的重要性

人们在经历事件的时候，总是会随着事件的进展、事件的性质、事情的严重程度、与自己的关联性等因素的不同，而出现情绪或心态上的波动与变化。因此，受情绪及心态的左右，人的微表情及肢体语言也会处在不断的变化之中。不可能只是一个单一的微表情或肢体语言就可以说明一切。

一个人更不可能在经历一系列复杂的心理感受时，却只是机械式地表现出单一的肢体语言。要知道，没有几个人有能耐真正隐藏 w 自己的强烈情感，更绝少有人能够随心所欲地控制自己的微反应。

连续又反复出现的微表情和肢体语言才符合正常的事物发展规律。

就侦查机关在侦破案件的过程中，与重大涉案人员的接触来看，一般都会有下列过程是必须经历的。

（一）　初期接触

在侦查的初始阶段，与犯罪嫌疑人的第一次接触都要讲究突然性。突然性对侦查工作而言是非常必要的。无论是以事找人的刑事案件侦查，还是以人找事的职务犯罪侦查，当侦查员突然出现在犯罪嫌疑人的面前时，这对于犯罪嫌疑人心理的冲击如响雷轰顶一般，他们心里都立即会明白一个事实：让自己在惶惶之中等待的灭顶之灾已经降临。

这种突然的事件冲击，往往都会给犯罪嫌疑人的心理造成巨大的混乱，使他们在短时间内理不清思路，不能进行有效有条理的思考。

现实中侦查员们会发现一个有点儿奇怪的现象，就是在与犯罪嫌疑人突然接触的时候，许多的涉案人员都会出现精神恍惚或是精力无法集中的状况。最明显的表现就是在这一阶段，面对侦查员的问话，犯罪嫌疑人往往都好像耳朵忽然不怎么好使了，听不太清楚侦查员的问话，或者是经常性地出现所答非所问的情况。其实这种现象的背后真正原因就是由于事发突然，给他们的心理冲击太大，以至于脑对突发性的事件没有办法按常理做出反应，于是思维出现了短路。

这种心理上的冲击给犯罪嫌疑人带来的巨大混乱当然有利于审讯工作的开展了，谁都不愿意面对一个涉嫌犯罪之后早就有心理准备，甚至是准备好几套方案在那里等待侦查员到来的。

但是不论怎么样，涉嫌犯罪的人刚一到办案区的时候，大概可以分为这样几种类型。

1. 惊恐不安型

因为事发突然，犯罪嫌疑人一点儿心理准备都没有，完全被事情的突然性吓蒙了，在相当长的一段时间内脑都不能进行正常的思维活动。这种情况下，他们的脸上往往会出现错愕或是不知所以然的麻木表情，有的时候为了讨好侦查员而勉为其难做出来的表情也都是机械性的，非常不自然。

这时犯罪嫌疑人的肢体语言都是因慌张而出现的毛手毛脚的动作，给人的感觉是木偶似的笨拙，不流畅且有点儿夸张。

还有就是这个时段的犯罪嫌疑人，本来耳朵没有什么问题，但是听力却偏偏忽然有了问题，听不清楚或者是听不准确问话的现象经常发生。

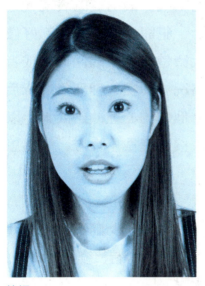

惊讶

惊讶

2. 沉默寡言型

因为事发突然，心里一时乱了方寸，不知道自己应当如何面对当前的突发局面，更不知道自己该如何回答侦查员提出的各种致命问题，生怕一不小心自己说的话就会坏了大事，使事件陷入不好收拾的境地。因此只好装聋作哑地不说话或少说话，以防言多必失带来的后患。

而在微表情上，大多都是沉思而凝重状，好像是一副心事重重的样子。

在肢体语言上则更多地集中在手部的表现上，一般都是各种纠结动作。就是说，他们的手及手指在这种时候细小的动作会多一些。在外部进行观察，这时会发现流露者的手上在不断地诉说着紧张、害怕、焦虑与不安。

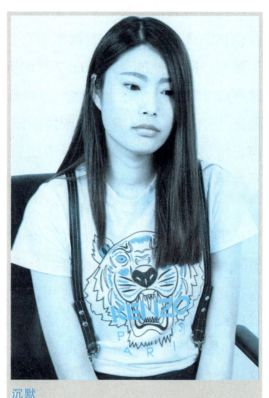

沉默

沉默在这种时候也是一种自我封闭，这种封闭要达到的目的就是当危险情况不明朗的时候，暂时屏蔽自己与外界的一切联系，从而最大限度地保护自己。

3. 狂躁不安型

进了办案区的审讯室，犯罪嫌疑人暴躁如雷，或是大喊大叫，或是要告状某某部门某某侦查员，又或是让某一个侦查员吃不了兜着走等的威胁，这都是司空见惯的现象。这种狂躁型的犯罪嫌疑人一般有两类：一类是真的发脾气了，这种人主要是认知上的原因。他们放不下自己的架子，以为亮一亮自己的显赫身份，要一要自己的暴脾气就能吓软侦查员。另一类是外强中干的人，这类人都有狐假虎威的侥幸心理，想通过演戏的方式懵住侦查员，从而达到自己逃避被打击的命运。

通过微表情或肢体语言来识别这类人并不难，因为心里真生气的人，会在这种时刻不由自主地加大自己的呼吸力度与频率，因此他的鼻翼会比平时增大以便吸入更多的氧气。这一点非常像斗牛场上那些气急败坏的公牛，当一头公牛被激怒了的时候，它需要用点儿时间来进行大口的呼吸，使自己能够吸进更多的氧气来增加肌肉里面的氧气含量，从而为接下来的绝地大反攻做好充分的准备。

再有就是人在恼怒的时候，瞳孔会变大。这就像是照相机的原理，快门闪开得大会摄入进来更多的光，从而更清晰地看清楚景物。但也有例外的情况出现，那就是有的人在这种时候会一反常态地闭上眼睛或是转过头不看你。其实细想想，也就马上清楚这其中的缘由了：他是因为愤怒而心生不满与厌恶，因此不想看到你出现在他的眼前。这一点反倒是证明了他是真的心里生怒了，这时他是真怒而不是在演戏。

然而总是有那么一些善于表演的人，他们会不怒装怒，没有气偏偏装作自己在生气。这样的人在演戏的时候，不论演技如何高超，表情怎样生动，但是他们的鼻翼及瞳孔是不会增大的，因此一目了然就可以识破他们自以为是的拙劣表演。

4. 以逸待劳型

不用说这是一类比较难对付的犯罪嫌疑人。这种人往往心理素质比较好，思考问题比较缜密，对事情的发展早有一定的预判。有的人在实施犯罪的同时就开始为后来的反侦查做准备，一旦嗅到侦查机关对他们展开调查的消息后，都会马上开始进行湮灭证据，订立攻守同盟，以及编造谎言等活动。

对于在今后的岁月中有可能与侦查机关进行面对面的交锋，他们也是做足了功课。有的人勤奋自学有关的法律书籍；有的人找到熟悉的律师或是在司法机关工作的朋友进行咨询；有的人一头扎进描写案件侦破的影视剧中，进行揣摩钻研；更有甚者在他们交往的密友中，就有从事侦查工作的人员，会直接向他们拜师学艺，了解办案的过程方法，学习如何才能对抗审讯，以期实现逃脱被绳之以法的命运。

犯罪嫌疑人喜欢结交司法机关的工作人员，这绝不是什么偶然之举，这正应验了民间的那句老话：苍蝇不叮无缝的蛋。在一个利益为重的社会里，许多人的社交活动都是有目的性的，其中的隐台词就是："因为你有用，所以我愿意与你接近。"什么是有用？无非就是你身上具有的公权力，可以给他带来权钱方面的利益。

从这个角度来看，可以说所有涉嫌犯罪的人在与司法人员进行交往的时候，都是一种利益考虑，都是为了不一定哪一天能用到来解急。与你的交往绝对不是因为你的人品有多么好，更不是因为你的魅力怎么样的让人倾倒，只是因为你是他今后为了侥幸逃脱牢狱之灾的一个伏笔。

因此侦查机关的突然出现对他们来讲，早就在预料之中，所以当他们来到审讯室的时候，既不会惊慌失措地乱了神志，也不会张牙舞爪地暴跳如雷。相反，他们会非常有耐心地对侦查员的言行进行观察与评判，从而为自己的抵抗方案进行调整与充实。

上述这些类型的犯罪嫌疑人，除普通刑事犯罪的嫌疑人在突然落网时，可能会交代出其他犯罪嫌疑人的去处或者是交代出重要物证的下落外，一般的职务犯罪嫌疑人均不会马上交代自己的罪行。

所以在初期接触阶段，虽然双方都有意无意地抢占心理制高点，但是更重要的是双方都要理顺思路，排兵布阵，摸清敌况，消耗对方的锐气。

（二）　相持阶段

相持阶段是审讯活动的重点，也是耗时最长、最能体现谋略与技巧的阶段。因为所有的涉嫌犯罪事实，都是由一系列的行为按照时间顺序进行排列的，要让犯罪嫌疑人交代或是理清这些已经过去了的时空事件，其本身就需要在相当长的时间内进行细致入微的问讯与梳理。

因为绝少有犯罪嫌疑人会在侦查员对他们进行类似于党的培养教育、政府政策感召、国家法律威慑等常规性讲解教育下，一上来就竹筒倒豆子，把自己涉嫌犯罪的事实交代得一清二楚。大多数人会在侥幸心理及人的求生欲望驱动下，选择竭尽全力地进行狡辩与抵赖。

因此，相持阶段的审讯更像是反复拉锯的攻防战，犯罪嫌疑人基本上一直处于"抵赖—退让—再抵赖—再退让"

的循环过程。所以这时的犯罪嫌疑人肢体语言最多、最丰富多彩。之所以说这个时候会出现丰富的肢体语言，而微表情却相对比较少见，是因为微表情大多数都出现在犯罪嫌疑人一进审讯室的初始阶段，那个时候他们的情绪波动很大，所以他们在初始阶段更多感受到的是情绪的起伏折磨。

而当审讯进入到相持阶段后，犯罪嫌疑人在审讯的压力及证据的证明力面前，体验到更多的是心理防线在一波又一波的冲击下，逐渐趋于无力抵抗并接近崩溃的感觉，因此这种时候就会有层出不穷的肢体语言出现在我们的眼前。

对相持阶段出现的肢体语言进行收集并解读，会让我们能及时准确地把握犯罪嫌疑人此时此刻的心理变化，并根据得到的线索信息，为我们下一步所要采取的审讯谋略提供线索支持。

相持阶段并不会如行云流水般地顺势而下，一蹴而就；正相反，相持阶段的犯罪嫌疑人会在交代与抵赖、狡辩与谎言之间时而左时而右地变来变去。这就是我们经常提到的心理斗争过程，这个过程绝对没有规律或定式可言，不同的犯罪嫌疑人、不同的犯罪事实都会有不同的表现形式。

因此，这一阶段的肢体语言就总是处于变化与反复之中。而变化与反复的程度正好说明了犯罪嫌疑人当时内心纠结的程度。

（三）尾声阶段

没有不结束的审讯，这也正是人类经过几千年的不懈努力争取人权胜利的文明之善果。在人权不被重视的社会里，审讯不但始终充斥着血腥暴力与人格羞辱，而且只要犯罪嫌疑人不招供自己有罪，那么审讯就永远不会结束。这样的审讯乍看起来无往而不胜，总是能拿到让审讯者满意的口供，但是在野蛮暴力对肉体的摧残与肆意践踏人格的情况下拿到的口供有多少真实性，这一点人类黑暗历上的斑斑血污就在那里明示着，不辩自明。

如果说司法是为了维护正义，那么不尊重人权与人格的司法又有何正义可言？用违法去惩罚违法，用暴力来终结暴力，不过是用一个恶来制止另一个恶。其实法律对于人权的尊重程度，就是衡量一个民族一个国家文明程度的尺子。

现在我们国家法律规定的采取拘传这种强制措施控制犯罪嫌疑人的时间限度是"12+12"小时，这也是符合当今世界上绝大多数国家制定的强制限制人身自由留置标准的。对违法人员留置的时间越长，就越说明其法律制度与人权状况的落后。有的部门创造性地出台规范，实际操作中竟然可以连续数月留置一个公民接受无穷无尽的审查，只能说这是法治规范中的一朵奇葩。

是审讯就会有结束的时候，而不论在审讯即将结束的时候，犯罪嫌疑人所涉嫌犯罪的事实是否已经查证清楚。因此所有的审讯结束时，结果不外乎有两种：一是涉嫌犯罪的人把涉嫌犯罪的事实已经交代清楚；二是根本没有交代什么犯罪事实或者是鱼龙混杂地交代了部分涉嫌犯罪的事实。

我国政府同意签署并遵守《公民权利和政治权利国际

公约》，该公约规定公民"不被强迫作不利于他自己的证言或强迫承认犯罪"，这一点是应该被所有的执法人员自觉遵守的规范。为此，不论什么样的审讯结果，都是可以被接受的，新的法治环境中评价侦查员侦破案件的能力标准是证据的收集与完善。

但是就我们研究行为犯罪心理学的角度来讲，涉嫌犯罪的人在审讯结束时的表现怎样，还是有一定的研究价值的。首先，如果犯罪嫌疑人是真正地如实供述了自己的全部犯罪事实，那么他是无债一身轻了。有过审讯经历的侦查员都知道，不论在前面的审讯阶段犯罪嫌疑人是如何表现的，一旦他全部供述了自己的犯罪事实后，就如同长途跋涉的人终于到达了终点，更似一个负重很久的人终于卸掉了积压在心头的重担一样。那种轻松、那种自由感是由衷的，是自内而外发出来的。他的神态、他的表情、他的动作、他的语调都是自由自在，毫无拘束感的。

犯罪嫌疑人一旦卸掉了心理长久积压的巨大负担，他的轻松自在感就会自然流淌，让你一目了然，这一点是任何一个人都装不出来的。

但是，对于没有交代自己涉嫌犯罪的事实或是真假莫辨地说出了一些事实的人，在他的身上你是绝对找不到那种轻松自在的感觉的。他因为秘密还深深地藏在心底而遭受着情绪纠结的折磨，恐惧的重担还在时时刻刻地压着他，使他如履薄冰般不敢大口自由地喘息。

因此，当审讯结束时，只是看看犯罪嫌疑人的神情是否真正的放松，就可以知道审讯的结果如何了。

第三节 连续解读的技巧

　　只要是方法类的东西，就有技巧存在其中，只有掌握了实施这些方法的内在技巧、方法，才能成为克敌制胜的法宝。否则没有技巧的支撑，再好的方法实施出来，也可能成为蹩脚的演出，不但取得不了预期的效果，还会错失良机，让人贻笑大方。

　　按照区域进行划分，然后进行分析与评判，是我们运用读心术破解错综复杂信息的秘技之一。每一个人都是由头部、四肢及躯干组成的整体，而仅仅头面部就有眼、耳、鼻、嘴、眉等区域，因此如果不按区域进行划分，而是东看一眼西瞅一下，很容易就把自己给弄糊涂了。

　　简单的步骤是从上到下，或者是按照微表情及肢体语言出现的性质类别，一个一个地对流露出来的线索进行观察收集，然后对收集到的信息进行评判。这样当你把所有的信息都分析、解读完，你会意外地发现这时你所获得的有价值信息已经超出了事先的预料。面对这些有参考价值的资讯，你心中自然就会生成一个比较完整的结论。

　　按着区域进行划分，然后进行分析与解读，它的主要优点是不会因为信息的多且杂使你陷入混乱之中而顾此失彼。当分析解读一旦完成之后，剩下的结论只要你稍加综合就可以清晰地呈现出来。

 ## 按区域逐段分析

当然，按区域划分进行解读时，还有一个把各区域的线索进行整合关联的程序。因为如果只是独立地分析、解读一个区域内线索，难免会出现偏差，会出现以点概面或解读不完整的现象。

要知道，有的时候在一个区域内完整而清晰的信息，如果拿到全局来考虑，就可能沦落为其他区域信息的表象。这就好像是你在一个连队里是指挥官连长，是最主要的军事行动指挥者，但是若要把你们纳入整个军团的整体行动中来看，你只不过是这次战役中的一枚棋子。对于全局来说，你更多的时候是辅助与策应，是一个真正意义上的局部，根本就代表不了整体战役。

可见，不完整的解读不但会失去研判的准确性，而且容易被事物的表面现象掩盖住事物的实质，被事物的假象掩盖住事物的真相。

而把分开解读的结论做综合性的连贯串联，就可以有效地破解一些幻象后面的真实面目，拿出正确、合理、有价值的结论意见。

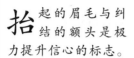**抬** 起的眉毛与纠结的额头是极力提升信心的标志。

鼓 足气的腮，恰恰是底气严重缺乏的表现。

微 微前倾的身体与前含的肩暴露出对身份或地位的不自信，也是希望尽量减少面对的危险时暴露的面积。

不 安分的手，不知该放到何处。这种手足无措，明白无误地诉说着主人内心的紧张与不安。

画 蛇添足似放在身体前的包，既是面对潜在危险时典型的拒止与阻断，也是潜意识的遮挡。

1 尽力收缩的双腿及前倾的身体，于不稳定中暂时形成平衡，做好了随时逃跑的准备。

2 人在面对危险时，喜欢不自觉地用绷紧的肢体肌肉来抗衡内心的紧张。

（二） 按时间顺序进行收集与解读

按照时间顺序进行线索信息的收集与解读，是一种短、平、快的迅捷取胜的必杀之技。

大家知道，我们在与他人接触交谈时，交谈的话题一般来讲都是按着一定的时间顺序进行的，而且大多数的时候也都是按照循序渐进的原则把谈话的内容逐渐展开并深入的，因此，对方的心理反应也必然是按照我们交谈内容的变化而不断变化并显露出来的。这样我们在与被审查对象进行交谈时，把在不同节点上对方流露出来的典型性肢体语言及微表情进行收集并加以定义，然后把所有的线索进行归纳解读，就会有一些颇有意思的收获。

在这里我们试举一例，让大家感受一下怎么样通过按时间顺序来收集与解读线索，并最终得出有价值的结论。

案情是这样的：某单位的内部管理比较混乱，虽然各种规章制度一样不少，但是基本上都流于形式，没有被遵守并执行。

这个单位的一个职能部门权利非常大，在执法的过程中经常有各种各样的大额资金需要收缴或临时扣押。按照规章制度，这些资金都要存入专门的账户由专人进行管理。但是这个部门的领导却视规范如无物，擅自决定由本部门的一个年轻同志管理全部收缴或扣押的资金。

因为没有了刚性的制约，这个部门的几个领导把本部门临时管理的资金当成了自己家的小金库，想拿就拿，想用就用，想占就占，毫无顾忌之意。时间一久，几个领导侵吞占有的由部门临时保管的国有资金达到了惊人的千万元数字。

案发后，侦查机关迅速对这个部门的流水账目进行控制，然后对所有资金进行梳理，查找这几个领导涉嫌犯罪的事实。

这种案件的侦破阻力虽然很大，但是侦破活动本身并不怎么高难。因为所有的犯罪事实基本上都与这个部门保管的资金有关，因此办案人员就经常与那个负责管理资金的小伙子接触，了解一笔笔疑似与犯罪行为有关的资金往来情况。

这个临时受命管理资金的小伙子是刚参加工作不久，很阳光的一个年轻人，对办案人员的工作也一直很支持，所以大家对他的印象都比较好。

有一次，办案人员发现有一个单位把一笔几十万元的资金交给了这个部门，但是在这个部门的流水账上却没有相应的收入记载，于是侦查员就按照惯例去找那个受命临时管理账目的小伙子了解这笔资金的情况。

侦查员在与那个管理资金的小伙子见面后，大家因为比较熟悉了，因此在前期的随意交谈中也没有什么特别之处值得注意。但是当侦查员很正常地提出有一个单位把一笔资金交给了他所在的部门，但是在流水账上却没有体现这笔几十万元的资金后，那个刚才还一脸灿烂笑容与侦查员说话的小伙子的脸色就有点儿意外地发"紧"了。

"紧"是一种形容。各地因为语言及习惯的不同，可能在形容一种面部表情的时候，都会有所不同。这里说的"紧"是那种刚才还比较放松的状态，忽而转为有点儿拘谨；刚才还是喜悦的神色，立刻就变成有些严肃的面部表情。

放松

严肃

这是一种纯粹的心理感觉。也就是说，你绝对能感受得到，但是要用语言来进行描述，就是费上九牛二虎之力也难以准确形容的微表情。

侦查员继续与负责管理账目的小伙子谈话，向他解释说在对方单位的账目上体现出来这笔资金是交到他所在的部门了，那么在这里的账目上是应该有对应记载的。

话说到这里，负责管理账目的小伙子若有所思地想了一想说："没有吧！"他边说话边不自觉地用手轻轻地摸了一下子自己的鼻子。

侦查员语气肯定地对负责管理账目的

摸鼻子

小伙子说："这笔资金应该是进入你们单位的账里了，因为对方的账目里有你所在部门出具的收条。我们也奇怪这笔资金为什么在你们的账目上没有体现，所以才找你帮助回顾一下，这笔钱到底是去了哪里。"

听到侦查员语气坚定的述说后，那个负责管理部门账目的小伙子身子微微侧了一下，他的一只脚也不由自主地出现了 L 脚。

L 脚

然后侦查员接着说："你回去再想一想这个事情的整个经过，过几天我们再来找你把这笔资金的情况弄清楚。"

那个小伙子嘴里答应着："好，好，我回去再仔细地想一想。"但是他的身子又不由自主地前后晃了一晃。

上面我们描述的这个小小对话情节，它的整个经过发生在短短的几分钟之内。像这样的对话在我们的生活及工作中经常发生，许多人可能对此已经习以为常了。仅仅是听双方的对话内容，不但稀松平常而且没有什么引人关注的特别之处。但是如果我们换个角度重新来审视这段小小的对话，就会发现：事实上，在平常又平淡的对话过程中，还不时夹杂着那么多不容忽视的微表情及肢体语言。要知道，这些信息的价值与意义是绝对不容小觑的。

现在让我们乘坐"空间思维号"来一次穿越时空之旅吧，从更高的维度来看看在那次平常又平淡的对话中，到底都发生了哪些有意思的事情。

首先，我们按照时间的顺序对发生在负责管理账目的小伙子身上出现的微表情及肢体语言进行收集，这样我们会得到"面容由轻松到发紧""说话的时候摸鼻子""L脚"及"前后摇晃的身子"这些线索。

接下来我们把收集到的这些非言语行为及微表情进行一下连贯解读。

"面容由轻松到发紧"，这是一种微表情。大家知道一个人的面部表情是他内心情绪的外在表现。侦查员与这个负责管理账目的小伙子因为经常接触，双方都比较熟悉了。因此在最开始的交谈阶段，都是正常的打招呼式的交流，所以小伙子的表情轻松而灿烂。但是当侦查员提到有一个单位把一笔几十万元的资金交给了他所在部门的时候，这个小伙子脸上那原本灿烂的笑容不见了，而是出现了有点儿发"紧"的严肃表情。

问题是是什么原因让小伙子的笑容消失了呢？又是什么原因让小伙子的面容因为发紧而显得有点儿严肃了呢？

显然，是侦查员提到的问题引起了这个小伙子的紧张与不安。在这之前多次的接触中，侦查员也经常提到类似的账目问题，但是这个小伙子从来没有出现过这样反常的现象。那么就是说，是因为这次侦查员很随意提到的问题触动了他的敏感神经，引起了他内心的不安，是这种不安让小伙子没有办法再轻松地微笑了。

"说话的时候摸鼻子"：管理部门账目的小伙子是在

站不稳

否认有这笔资金存在的时候，不自觉地用手摸了一下自己的鼻子。

我们已经知道摸鼻子是一种非常典型的预示着说谎的肢体语言，这一点已经被无数个研究团队证明了。那么这个小伙子为什么在说起一件原本正常的工作事件的时候要说谎呢？这种时候他对这笔资金的存在事实进行说谎，其用意明显是在掩盖什么。

L脚的出现就是逃跑的心。当一个人的内心感受到危险的迫近，而自己又无力对抗眼前的危险时，L脚就会不自觉地出现。我们眼前看到的现象是L脚，其实那是对方在用肢体语言告诉我们：当前的问题让他害怕，他不想再面对这个问题了。

"前后摇晃的身子"是在这个事件中我们收集

这是一个说起来简单，其实极其不容易被发现的肢体语言。它的原理其实就是：心被触动了，身子如何还能稳定？

到的最后一个线索。在前面的章节中我们说过，人的一切行为都是由心理支配的，心若是从容，人的行为就从容不迫；而如果一个人的心理慌乱，那么他就无法控制自己的行为不慌乱。

这也证明了那句话的正确性：关心则乱。

当侦查员明确地说那笔不翼而飞的资金肯定存在后，又表示让小伙子回去好好帮助想一想，过几天还要再来了解时，这个小伙子的身子不由自主地前后轻微摇晃了一下。

这个细微的肢体语言从外表看起来他是不经意地摇动了一下身子，实则是他的内心已经无法平静下来。

现在我们把刚才的四点分析解读做一个小结，看看会得出什么样的结论。

本来侦查员是因为办案中的一笔资金的去向问题，正常地找当事人进行了解，这是一种常规性的调查活动。但是当事人却意外地被触动了内心的紧张与不安，这说明这件事情对他来讲是有利害关系的。

接下来当事人在否定这笔资金的存在时，又出现了典型性的说谎的肢体语言——摸鼻子，这表明他的内心是在极力地想掩盖什么真相。

当侦查员明确地肯定这笔资金应当存在时，当事人又出现了让人一目了然的 L 脚。这既是逃跑的脚，也是逃跑的心，是明白无误地在告诉我们：他对眼前的问题感到害怕，他的内心希望能尽快地远离这个令他感到危险的事件。

最后，当侦查员表示过几天还要再来进一步了解这笔资金的情况的时候，当事人的身子出现了轻微的摇动。我们知道一颗紧张不安的心，是没有办法让自己的身体从容不迫的。

综上所述，我们有理由认为这个负责管理部门资金的小伙子，有重大贪污的犯罪嫌疑，而且他所涉嫌贪污的钱就是这次侦查员想要查清的这笔资金。

在以前的交往中，因为侦查员所了解的都是别人涉嫌犯罪的事实，所以那些事件对于这个小伙子而言，就是配合做常规性的工作，没有什么危险性可言。而这次侦查员想要了解的资金事件，因为与这个小伙子有直接的利害关系，所以随着谈话的深入，对他来说危险一步步地逼近，所以他就不由自主地出现了一系列反常的微表情和肢体语言。

通过这样的分析与解读，侦查员及时地调整了侦破方案，把这个负责管理账目的小伙子纳入了侦查视野，最后查明：这笔几十万元的资金果然被这个负责管账的人截留贪污了。

而他犯罪的动机其实非常简单，管理大笔资金的他，每个月的工资并不高，但是看着自己的领导经常像使用自己家里的钱一样贪污公款，这个小伙子的心也就蠢蠢欲动了。这时，正好有一笔公款交来了，于是他就直接将钱截留，挥霍了，以为在乱哄哄的大把资金中，少了这么一点点钱不会有什么事。

第四节　　细致观察的意义所在

读心术的"察颜观色"重在一个"察"字，只有先察觉，才会有后来的分析与解读，如果没有细致入微的观察，那么后面的一切都不会发生。

还是那句话：不要以为你有一双明亮的眼睛，就可以看清楚眼前发生的一切，其实很多时候你是视而不见的；同样，不要以为你有一双耳朵，就自以为可以听懂一切，其实很多时候你是充耳不闻的。

我在多年的实训教学中发现：如果事先明确地提示大家在接下来的时间里要开始注意观察，那么大家基本上都能在接下来播放的视频资料中觉察到眼前出现了哪些微表情和肢体语言。但是如果我没有进行明确提示，大家对于视频中出现的微表情和肢体语言的线索基本上都是视而不见的。

许多时候，当我再次提醒大家方才是否观察到出现了哪些微表情及肢体语言线索的时候，大家才面面相觑半天，不知道就在刚才眼前到底发生了什么事情。

这个现象告诉我们：如果没有养成善于观察的习惯，

即使是再多的有价值的线索在你的眼前晃来晃去，你也会熟视无睹。这也正是许多研究读心术的人，会觉得拿起书来看时那里面的内容一看就懂，而放下书本就感觉茫然失措，不知道该怎么应用的根源所在。其实，问题的根源就在于你没有养成细致入微进行观察的习惯。

　　在一列客运火车上，经常出现旅客财物被盗的案件，于是铁路公安加大了对这列火车的巡视力度，但是旅客财物被盗的事情还是不断地发生。

　　一天半夜的时候，一个乘警着装进行例行的巡查。因为是半夜时分，车厢里的乘客大多数都处于半睡半醒状态。当这名乘警走到一节车厢的时候，有一名睡觉的旅客让他多看了一眼。之所以让他多看了一眼，是因为在他走过这名旅客身边的时候，似乎是有点儿什么不一样的感觉，但是到底是什么引起了他的异样感觉呢？这名乘警又一时之间说不清楚。

　　于是，他来到两节车厢的链接处静静地陷入了沉思。他方才对这节车厢进行巡视时，并没有发现什么值得注意的异常现象或人，但是有一个睡觉的旅客显然是让他无意之间多看了一眼。那么究竟是什么原因引起了他额外的注意呢？

　　经过一番思索，这个乘警觉得是这名旅客的睡觉姿势有什么与众不同之处，因此引起了他的警觉。

　　于是乘警又返身回到这节刚刚巡视过的车厢里，来到那名仍然在熟睡的乘客身边，仔仔细细地端详起这名睡觉的乘客。

　　不一会儿的工夫，乘警就明白了奥秘所在。他上前叫醒这名乘客，把他带到乘警工作区域，经过审查发现：这家伙正是这一段时间以来，一直在火车上作案的窃贼。

　　这个案例的秘密就在于观察，乘警是着装巡视，这是一种公开的警示与威慑。乘警的出现对于普通的乘客来说没有什么特别的意义，没有什么值得大惊小怪的，大家不会因为乘警的出现而引起什么心理反应。

　　但是乘警的出现对于隐藏在乘客中的窃贼来说意义就不一样了，因为警察是小偷的天敌，对于这名窃贼来说，乘警的出现就是一种巨大的威胁。因此，这名自以为很聪明的窃贼就用假装睡觉来蒙混巡视的乘警，也想用假装睡觉来麻痹他身边的旅客。

　　然而，假的就是假的，假的事情与原本的真实之间总是有着本质区别的。窃贼为了演戏给巡视的乘警看而假装睡着了，但是因为是假装睡觉，其实他的心里对于警察的出现还是有一点点的紧张与戒备的，因此，他是将双手放在两条腿上，手心向上紧攥着拳头睡觉的。有点儿常识的人都知道，睡觉时人的全身肌肉都是放松的，人的神经松弛肌肉才能放松，人的肌肉放松，人才能安然地进入睡眠，所以真正睡着的人他的双手是呈自然松弛状态的。

　　而如果一个人看起来是闭着眼睛在那里睡得挺香的样子，可是他的双手却是紧紧地攥着拳头，手心又别扭地朝向上方，那说明他的神经此时此刻是紧绷着的，他的睡姿是装出来的。

　　于是，问题来了：是什么人需要在乘警出现的时候明

手握空拳睡觉

明是紧绷着的神经，却偏偏要装作熟睡呢？答案是显而易见的：心中有鬼的人才需要装作睡着，演戏给乘警看。

在这个案例中，狡猾的窃贼被自己那双诚实的手给出卖了。在没有观察经验的人看来，这个窃贼与无数个熟睡的旅客一样，没有什么不同，不过是昏昏沉沉地睡着了。但是，殊不知他的那双不会说谎的手，一直在那里不厌其烦地向周边的人坦白着：我有点儿紧张！我醒着呢！我没有睡觉！

车厢里的旅客很多，而且窃贼身边的人都有一双明亮的眼睛，但是显然大家都熟视无睹了，没有人观察到那双诚实的手一直坦白地发出的忠告。

这就是观察的重要性。不是有了眼睛就会观察了，也不是有了蛛丝马迹的线索就能一目了然，看得清楚了。所谓的观察就是观看到了之后要察觉，若没有察觉，你即使是面对着千山万水，也会视若无物。

（一）正眼观色，余光察态

那么在真正的实战应用场景中我们到底该如何进行观察呢？有的人以为，既然是观察，就要像影视作品中的那些神探出场一样，瞪着一双雪亮的眼睛上下左右地打量，前前后后地查看。其实这是很天真的想法。

一个人以为自己精通什么读心术了，于是乎见了人就贼眉鼠眼地察看，恨不得拿出一个放大镜将其全身上下、里里外外看个一清二楚，这样的"察颜观色"不但会引起别人的反感与不满，而且也是让人笑掉大牙的荒唐之举。

其实，观察是要用心与用脑来进行的。所谓的用心，就是要留意被观察者无意中流露出来的微反应线索，这包括微表情和肢体语言。所谓的用脑，就是在观察的同时要对观察到的线索进行简单快速的价值评判，评判自己观察到的线索是有价值的线索还是没有意义的线索。如果是有价值的线索，就要在接下来的时间里进行研判解读。如果是没有价值的线索，就不留痕迹地让它消失便是了。

可能有的人会困惑：什么是有价值的线索，什么是没有价值的线索呢？举个通俗的例子来说：假如有一个人在与你说话的时候，当说到一件重要的事情时，他不自觉地触摸了一下鼻子，那么线索告诉我们，这家伙此时有可能做了不真实的表述；但是如果眼前的人正在患感冒流鼻涕，他说话的时候触摸了鼻子，你最好就别多想了，更没必要进行分析与评判了，因为人的鼻子不仅仅是在人说谎的时候会感觉不适，在人流鼻涕的时候会更加的不舒服。

令人遗憾的是，不论是在我的实训教学中，还是在现实生活里，有的读心术爱好者往往不能有效地甄别出什么是有价值的线索信息，什么是没有意义的线索信息。这样的结果就是丢了西瓜捡了芝麻，有价值的信息被忽略了，却在没有意义的线索信息上面纠缠不清。发生这种情况不但会贻误战机，而且会严重影响我们的直觉判断。

也有许多人以为，懂得读心术的人一定时时刻刻都在观察别人，随时随地都在洞悉他人的内心隐私。其实这是一种误解，因为读心术不过就是一种技巧工具，只是在需要使用的时候才有必要用。

读心术就好比是一把锋利的刀子，拥有这把刀子的人只有在需要使用它的时候，才会将刀拔出鞘来。而更多的时候那把锋利的刀子都是深藏不露的，不会有什么人没事的时候喜欢拿把刀子耀武扬威地招摇过市。

生活、工作中，当我们真正需要使用读心术进行观察时要做到"正眼观色，余光察态"。

正眼观色，这就是说我们在与被观察者见面的时候，不论是因为习惯还是出于礼貌，都要双眼平视对方，这也该是最起码的相处礼仪吧。这样做既不会惹得他反感，也不会引起不必要的警觉。只要用心且专注地看着对方，那么他面部的所有微表情就完全可以一览无余地尽收眼底了。

而余光察态，就是用我们的眼睛余光来留意被观察者的肢体语言。一般来说，人与人之间的社交距离要在两米左右，不是关系特别密切的人，低于一点五米的身体距离会让彼此都感觉不舒服。因此，在合理的社交距离上，我们人类正常的眼睛余光就可以保证不放过任何蛛丝马迹了。

观察的时候要淡定从容，一副若无其事的样子才不会打扰对方的自由表现。千万不要显得紧张兮兮，更不要一发现什么有价值的线索就喜形于色。

还有就是观察别人的人，不能让对方在你的身上反捕到什么有价值的信息。所以，不仅是你的神色要淡定，你的举止也要从容，你的眼神要有如一泓清潭，清澈而深邃，宁静而幽暗，让对方无法读懂你那最深处的秘密。

（二）价值评判

既然不是我们观察到的所有微表情及肢体语言都是有价值的，那么同样也不是所有的非言语行为都有必要去进行研判与解读。比如在日常的生活或工作中，我们的亲人、同志，抑或者是我们接触的平常人，他们在说话的时候做出来的微表情与肢体语言，就不在我们的观察之列。

我个人认为，最起码有两种情况有必要使用读心术来解读一些观察到的信息：一种情况是我们因为办理案件的需要而与犯罪嫌疑人接触的时候，这不用多说，完全是为了工作的需要；另一种情况是在生活中出现了真正需要使用的时候，也就是有些人在需要被关注、关爱却没有勇气表达自己的感受时。比如孩子，比如亲人，比如朋友，他们在遇到一些情感纠结或困难坎坷的时候，不是都能坦然地说出自己心中的苦闷与困惑。倾诉是一种勇气，而学多人是没有这种勇气的。这种时候他们深陷于自己心理泥淖而不能自拔，往往自己把自己囚困在围城中进出不得。心中的冷暖也只能是自己体会，所面对的不尽困惑，自己完全无力破解。

这种时候我们通过观察，洞悉了埋藏于他们内心深处的苦楚，明了了纠结于他们心底的情愫，就可以不露声色而又简单直接地打开他们紧闭的心扉，帮助他们驱散心头的乌云，化解冰封久远的情感。

帮助是一种爱，对心灵的帮助更是一种大爱。现在很多人缺乏安全感，经常感觉焦虑。究其深层次的原因，是因为心荒芜了。人的身体有病了，就需要去寻医，然而心理的病要如何医治呢？读懂他们的心，对他们的心灵进行关爱，是一种大善之举。

可见，价值就是意义的大小，对于没有什么意义的线索就没有必要劳心费神地去关注。而对于意义重大的微表情及肢体语言进行有效的解读，可以让我们获得额外的信息，使我们在信息拥有量上居于绝对优势地位。

（三） 解读的方法

在现实中，我们应用读心术来解读观察到的线索。一般情况下，经常使用的有简单解读与专门解读这两种方法。

1. 简单解读

这是在一些临时、随机、不十分重要的时候使用的方法，也可以称为简易法。

这种方法在使用的时候不需要什么特别的准备，只是我们随机性地观察到什么非言语行为，就随时随地进行解读，从而在自己的心里明了所看到的微表情及肢体语言的真实含意，好为我们接下来的行动提供信息支持。

其实对于读心术的许多内容环节，我们用语言或文字进行描述，虽然准确细致，但是显然缺少生动性，阅读起来又比较啰唆与费解。如果现场讲解指导，不但简单明了，而且许多微妙之处一点就透。

简易法就是这样，针对观察到的线索直接归类进行解读研判，并随之做出行动调整就行。

当一个微表情或肢体语言出现的时候，我们用眼睛进行捕捉，在心里进行分析与解读，然后告诉自己接下来该怎么办。

2. 专门解读

专门解读是指针对一些特殊事件或特别需求，我们就要坐下来，静下心对收集到的微表情或肢体语言线索进行反复的研究与解读。

让我们举例说明一个专门分析解读的过程吧。

下面这张图乍一看就是三个人在那里闲说话，没有什

三人交流图

么值得关注的地方，但是细细琢磨，就会发现一些值得玩味的细节。

其一，中间的这位先生显然是故事的主角，在他的身上我们最少能收集到三个线索。

线索一：他在极力地跟他右侧的女士说着一件什么重要的事情，并且他在说话的时候伴有大量的肢体语言来烘托他要表达的内容，这说明他是一个有共情能力的人。

线索二：这位先生在说话的时候，他的左手高高地举起，特别是他的大拇指鹤立鸡群般地翘起来。这是信心的标识，是信心满满的意思。看起来是他对于自己说的内容充满了自信心，是一件胜券在握的事情。

线索三：故事讲到这里，本来一切似乎都挺好的，没有什么可担心之处。然而再看看这位先生的右手，他的右手在捏衣襟。这可是一个极容易被忽略，但其实又非常关键的细微线索啊！

捏衣襟是内心的紧张与不安的外在表现，可问题是既然是充满信心的事情，说者也在慷慨激昂地劝说他人信服，为什么会有紧张与不安呢？

当这种冲突的信息出现的时候，我们一定要特别注意那些不合时宜出现的线索，这一点尤其重要。

别看只是小小的一个捏衣襟的动作，它预示的潜在含义可能是主人自己的内心深处真实意图并不确定，有极大的虚假成分暗藏其中。

其二，再看那位女士，显然她在认真地听呢。她的右手完全插在裤兜里，这该是信心缺失的提示。她的左手在抚摸自己的后颈部，这是一个安抚的动作，是人在情绪出现不安的时候，会不由自主进行自我安抚的肢体语言。

她的这两个动作叠加在一起，说明她虽然在认真地听中间这位先生讲事情，但显然她还没有完全被说服，对于中间这位先生所讲的事情中的一些细节问题还有疑虑，还有些担心，所以看起来她还处在犹豫纠结当中。

这时，我们千万不能忽略了她出现的快乐脚的线索。通过前面的学习，我们已经知道了人的脚是最诚实的好孩子，是从来都不会说谎的部分。

快乐脚的出现说明，虽然这位女士表面上看起来还在犹豫之中，为自己最后下决心还有一点点的不安，但是她的心里已经基本上信服了中间这位先生的观点，马上就准备跟进了。

其三，我们最后再看看右侧的这位先生，在他的身上我们可以看到最少三个线索。

线索一：他在紧紧地注视着对面的女士，显然这位女士的态度如何，对他来讲事关重大。

线索二：他出现了一个侧把臂的动作。侧把臂是一种标志着人格特征的肢体语言。习惯出现这种动作的人有胆小怕事、思而不断、犹而不决的特性。他们总是怀疑一切，但自己又没有拿主意的能力。他们遇事就喜欢听别人的意见，却又经常反复陷入犹豫之中来折腾自己。

中间这位先生讲的故事，对他来说有巨大的吸引力，但是他自己是没有能力独自做出意向性决断的，这是由于他的人格特征决定的。

线索三：注意一下他的幸福脚吧！从场面上看，他还在优柔寡断阶段，在人格特征的作用下，没有主见的他在注意观察他人的动向，但是幸福脚的出现，说明这家伙基本上已经信服了别人讲的事，心里面这时舒服着呢。

现在我们把上面的线索综合一下来解读，看看能得出什么样的结论。

中间的这位先生在绘声绘色地讲述一件重要的事情。为了能打动身边的这两个人，他把事情讲得天花乱坠。尽管他说的事情听起来似乎是无懈可击，他也一副信心满满的样子，但是从他不经意间流露出来的肢体语言来看，真实的情况并不像他说的那样美好。

一是他在说到重要之处时，右手不自觉地捏了捏衣襟。这是潜意识里内心感到不安的信号，这个信号让本来好像无懈可击的事情顿时有了疑云。

二是他在讲到得意忘形之时，自己也没注意到出现了心口不一的肢体语言。就是他的面部虽然是对女士说话，但他高高举起来的左手却是南辕北辙地指向了另外一个方向。

要知道，心口不一的肢体语言就是在昭告天下：这家伙是在说谎呢！

画面左侧的女士看起来还在犹豫之中，但是她的幸福脚告诉人们，她的内心基本上已经相信了中间这位先生的说辞，她距离被说服也就是最后一步之遥的事了。

而画面右侧的男士不是事件的主角，他本身就是一个凡事都没有主意、从众心理严重的人。对于中间这位先生所讲的事，没有主见的他早就被打动了，但是多疑的他正在自以为很聪明地观察那位女士的反应。如果这位女士跟进了，他马上就会做出反应。而如果这位女士撤退了，那么他也就不假思索地马上退出。

综上所述，这有可能是一场骗局的现场，事情已经进展到尾声阶段，骗子的诡计就要得逞，他距离最后的成功仅有一步之遥。

骗子不知道的是，他的肢体语言在这个关键时刻，毫不留情地揭发了他的欺骗嘴脸，只是不知道路人是否能看清楚这场骗局。

如果说简易法是一种小技巧，那么专门解读就属于方法了。它会为我们提供更多的资讯，为我们的信心与行动提供更有力的支持。

国外的一些情报机构对他国领导人或重要人物的微反应进行研究，大多数都属于这一类的专门研究解读。执法机关在侦破案件中，对读心术的使用也应该更多的使用这一方法。

因为专门解读不但有充足的时间对收集到的线索信息进行精雕细琢式的解读，它还可以通过更加深入的分析发现许多更深层次、更加微妙的信息资讯。而且专门解读对于我们认清事物之间的交织关系，读懂隐藏在人们潜意识中的朦胧心理，提高我们的理论与实战水平有着不可替代的重要意义。

专门解读一般需要首先对被观察对象的影像资料进行采集，这种采集既包括对视频资料的采集，也包括对图片资料的采集，还包括对侦查员口语描述的收集。

（1）对视频资料的采集

视频资料最好是对被观察者全身进行拍摄的视频，这样就可以对他所有的肢体语言不留遗漏地进行观察了。但是就是这最基本而简单的要求，在司法实践中也往往是可望而不可即的。除非是懂得读心术的人指导拍摄，否则现实中的视频资料能符合被采纳使用条件的极少。

许多人不懂得拍摄时要选择取景的基本道理，认为在视野内有一个人的影像形状就行了。

曾经遇到过许许多多让人无可奈何的视频资料：有的视频中只有犯罪嫌疑人的半截身子；有的视频中犯罪嫌疑人的图像极其微小，而没有意义的空白处却占了大量面积；有的视频中犯罪嫌疑人可供观察的部分不是被一个大水杯挡住了，就是被一把莫名其妙的椅子给遮住了。

总之，能端端正正地把犯罪嫌疑人的图像放到视屏中央的资料极少。

当然，如果能有拍摄犯罪嫌疑人面部表情的镜头就更好了，但是在现实中这种要求显然属于奢求。记得有一次，我跟侦查员强调因为要研究犯罪嫌疑人的微表情，所以让他一定给我拍摄一些犯罪嫌疑人头面部的视频资料。结果资料拿来后我一看，从开始到结束整个镜头只是居高临下地拍摄了犯罪嫌疑人的硕大脑顶部图像，而对于我想观察的五官部分一点儿都没有摄录进来。

所以，对重大案件及重要犯罪嫌疑人进行微表情及肢体语言解读时，一定要从正面与犯罪嫌疑人的视线平行的高度来设立拍摄角度，才能为后来的有效工作奠定良好的基础。

而不加选择地随意拍摄出来的视频资料，不但会丢失许多信息，可使用的价值也往往是寥寥无几。

在这里特意提到拍摄的角度问题，是因为人们在拍摄的时候都不注意取景与角度的价值作用，那么在实际观察中就更少有人去留意有什么线索发生了。

（2）对图片资料的采集

图片资料对于研究及解读非言语行为十分重要。要知道，视频资料虽然具有连贯性好、感觉生动的优点，但是真实而有价值的信息往往稍纵即逝，很难把握。有的时候即使是非常优秀的行为心理学研究者，在捕获与解读这些信息的时候也有一定的难度。因为我们的眼睛总是容易忽略一些细节，即使是那些细节出现了，但是想要安心进行研究，还是需要时间的，而图片资料正好可以满足我们的需要。

图片的信息可以无限期地固定，这样就让我们有充足的时间对一张信息丰富的图片进行详加研究了。有的时候一张蕴含丰富信息的图片，可以让我们几十次甚至上百次地研究与解读，而且每看一次都会有不一样的收获。

我个人就有这样的感受。在闲暇的时候我经常拿出一些资料图片进行研究，往往是端详许久之后再进行思索，一段时间后就会发现一些自己从前忽略的线索。还有的时候会对一个微表情有种说不清道不明的感觉，这种感觉就是你能感受得到，但是你却说不清楚。这时这样的问题就会像滋长的小草一样铺满我的心里，让我时不时地就会想起那个令我困惑的微表情。

时间一久，就会有那么一天我忽然恍然大悟，一下子就明白了那个困惑我好久的微表情后面掩藏着的真实内涵。

每当这种时刻，我都会体验到有一种无以言表的愉悦之情溢满我的全身。

对于图片资料的拍摄也有两个关键之处需要特别值得引起注意：一是要捕捉非言语行为做出来的瞬间时刻。比如人的微表情在出现的时候，一般来说也就短短的零点零几秒，是属于真正的一刹那。要捕捉到这样的微表情，我们的眼睛可以毫不费力地觉察到，但是当我们用相机的时候就不容易捕捉到。要解决这个问题，通过连续拍摄或截图就可以实现。二是要捕捉典型性特征。人有许多稀奇古怪或莫名其妙的非言语行为，它们有的是因为个体生理方面影响而生成的，有的是不具有鲜明特征的低价值行为。这些特征模糊的非言语行为不利于我们解读，它们的信息量少，缺乏便于识别的显著典型性。

而典型性的非言语行为因为特征明显，具有一目了然、指示性强的特点，可以为我们在黑暗中的探索点亮一盏指引之火。

鉴别是不是典型性的非言语行为，主要是看图片中的肢体语言或微表情是不是有生动的传神特性。

所谓的传神，就是这个动作、这个表情让你一看就会被它所吸引，就会过目不忘，就会觉察到那表情、那动作背后的鲜活故事以及当事人正在体验着的丰富情感。

（3）对侦查员口语描述的采集

关于这一点，可能很多人会觉得有些诧异：难道读心术研究的线索除了需要视频及图片资料，还需要什么口语的描述吗？

答案是肯定的——需要！

侦查员的口语描述不单单是我们研究读心术所需要的重要信息来源，也是我们全方位了解案情、了解队伍情况的主要方式，而且与其他资料一样有着不可忽视的重大价值作用。

要知道，我们的眼睛无时无刻不在观察着，可是很多时候我们却没有办法把我们用眼睛观察到的精彩瞬间全都记录下来。于是，口语描述就成为我们获得重要资讯的一个不可或缺的渠道。

其实在侦查实践中，侦查员对所看所经历的过程进行描述，这更像是对直观感悟的陈述。也就是说，作为案件侦破的指挥员在外出办案的侦查员回来的时候，应该多与他们进行交谈，了解他们在办案及审讯中的点滴感受。这种看似随随便便的交谈，其中实际上蕴含着大量的有价值信息。

尽管这些信息都是初始的，是侦查员在记忆尚且清晰的时候，在第一时间所做的直观描述。对于这些信息的采集并研读，不但能及时获取许多珍贵的第一手资料，而且对于把握瞬息万变的形势，准确掌控犯罪嫌疑人的内心活动都有着不可替代的作用。反之，如果不能及时收集侦查员在记忆尚新的时候最直观的感受，一旦时过境迁，许多珍贵的信息就湮灭了。

即使同样是侦查员，但是个人的综合素质是不尽相同的，领悟能力与感受的敏感度也是千差万别的。我们通过指挥员与侦查员，或者是侦查员与侦查员之间的及时交谈，就可以收集到许许多多价值珍贵又容易忽略的重要信息。

有经验的侦查指挥员或侦查员还可通过这种方式把许多看似散落的碎片式信息，进行有效而合理的并凑，最终化腐朽为神奇归纳出出人意料的神奇解读，这样的事情在许多侦查活动中都有过精彩的演绎。

俗话说：言者无心，听者有意。其实只要用心揣摩，即使是在侦查员们休息的时候，他们相互之间开玩笑的话语，用心琢磨也会在其中得到许多意想不到的有价值的信息，对这些信息进行梳理，有时也可以变废为宝，挖掘出一些被共同忽略了的线索。

第五节 "察颜观色"的三个步骤

"察颜观色"的三个步骤是简单易行、极其便于操作的应用方法。最开始的时候可能还要用点儿心记忆一下子。其实，熟练了之后，就是信手拈来的事情了。

这三个步骤分别是：标签定义、研判解读、对应之策。

(一) 标签定义

标签定义就是我们在需要对被观察者进行察颜观色的时候，首先要有意识地进行细致入微的观察，并且在观察的过程当中，对于接连不断出现的微表情及肢体语言要及时地进行贴标签式的给出定义。

这听起来有点儿绕口的话，实际上就是把我们观察到的每一个身体的特征信息给起一个贴切而又恰当的名字。因为没有名字就没有办法进行记忆，更没有办法在后续的工作中对我们辛辛苦苦收集到的资料进行解读。

这是一个说起来简单，做起来其实有一点点难度的环节。因为如果我们有充足的时间进行专门研读，就可以不慌不忙地坐下来慢条斯理地对收集到的特征信息进行起名字、解读与分析。

但是繁杂的现实生活、千变万化的侦查活动，很多时候并没有充足的时间让我们从容地坐下来慢慢做文章。各种意想不到的情况随时随地都会发生，突如其来的事件演变是我们经常要面对的常态模式。这就需要每一个观察者都要有一定的水平能力，这也是考验观察者的读心术功底的时候。

人类经常出现的微表情及肢体语言，现在基本上都有相应准确而又贴切的名字，这些标签式的名字是中外几代研究者们长期呕心沥血的结果，如果你爱好读心术且想在这个方面有所追求，就多少要用点儿时间把它们记住。这个问题说难也难，说不难其实一点儿都不难。

比如你的两只手手心相对在搓，那么它的标签名字就叫搓手。这种肢体语言属于典型性的非言语行为特征，它所代表的真实含义是紧张、焦虑、信心不足。这就叫贴标签下定义。每一个微表情及肢体语言都有一个相对应的标签，这个相对应的标签都有专属于它自己的独有定义。每次看到这个微表情或肢体语言，你就会在脑海中标识出它的名字，继而明晰它的潜在含义。

在标签定义阶段我们要做到的就是：当微表情或肢体语言出现的时候，我们在自己的心里要马上清楚地知道自己观察到了什么。

（二）研判解读

研判解读是对标签定义阶段的接续与深入。在这个阶段，我们要对观察到的微表情及肢体语言进行详细的分析与解读，从而判断出它们背后隐含的真实内涵。

我们只是知道观察到了什么现象显然是不够的，只有丝丝入扣地解读出隐藏在那些稍纵即逝的微表情后面的精准内涵，洞若观火般地读懂一个看似随意的肢体语言背后的潜意识心理，才能够心明眼亮，才能够透过现象看本质，才能够成功地破解出那些被掩盖了的真实。

做到这些，我们才能为后来的决策指挥提供强有力的信息支撑。

研判解读阶段的关键是准确，这其中包括精准定义与生动描述。

1. 精准定义

面对一个贴了标签的微表情或肢体语言的定义，如何准确地进行解读是非常关键的，因为很多时候你的解读差之毫厘则谬之千里。

在一次马拉松式的审讯中，数位审讯人员轮番上阵，但最后都败下阵来。负责指挥的人员在没有办法的情况下，只好向一个在当地比较有名气的侦查员求援，希望他能来帮助啃下这个冥顽不化的"硬骨头"。

高手侦查员奉召而来，信心十足地走进了审讯室开始审讯。那个犯罪嫌疑人依然是不理不睬地，不搭理他。高手侦查员不在乎这些，经验丰富的他有的是招法来对付这个难啃的"硬骨头"。于是他一会儿滔滔不绝地进行政策教育，一会儿声色俱厉地讲解当前的形势，一会儿好言温语地促膝谈心，一会儿又拍桌子瞪眼睛地进行施压。但是这个犯罪嫌疑人愣是不吃他那一套。这个高手侦查员最后黔驴技穷，将所有的招法都用尽之后，也不得不承认自己无计可施了。

事后这个高手侦查员在与我谈起这个他自己觉得有点儿丢人的事情时，还有一些心有不甘。他提到一个细节，就是每当他走近那个犯罪嫌疑人的时候，那家伙都动作明显地好像是在躲避他，总是身子微微地向侧后方向躲避。

我问他："你是怎么看待他好像是躲避你这件事的？"

他气愤地说："我认为他是讨厌我，所以我一看见他躲避我，就气不打一处来，就控制不住地发火。"

其实审讯没有取得预期的进展，这种事情让人高兴不起来。不论哪个侦查员，在工作中都会有这种不愉快的经历，谁都不可能是常胜将军。

问题是我们为什么没有突破？还有就是我们遇到的是什么样的对手？在与对手的交锋中我们是不是错过了什么机遇？长期从事审讯活动的人遇到有一两个犯罪嫌疑人没有审下来这没有什么，关键是我们要知道自己因何而失败。这样我们才能在总结与反省中不断地提高自己的能力，才能找出问题的症结，从而制定出相应的对策。

就方才的案例来说，犯罪嫌疑人对抗审讯的态度坚决，用不说话或少说话来应对侦查员的各种审讯方法。遇到这样的犯罪嫌疑人确实是一件比较棘手的事情，但是从侦查员的描述来看，这个比较难对付的犯罪嫌疑人其实并不是无懈可击，因为他的特殊肢体语言告诉了我们一个秘密，这个秘密是他在面临审讯时暴露出来的一个弱点，这正是我们应该抓住进行利用与攻击之处。可惜的是，数位侦查员包括那个高手侦查员都没有识破这个秘密，因此很可能就失去了唯一的一次突破这个案件的机会。

事情是这样的，据高手侦查员描述，每当他接近这个犯罪嫌疑人的时候，感觉这个家伙就在躲避他，这一点让他的心里很不舒服，他认为对方是因为心生厌烦而躲避他。其实，这个高手侦查员不知道的是：犯罪嫌疑人在高手侦查员接近他的时候，他的躲避动作并不是出于对高手侦查员的厌恶，而是这个人具有一定的距离恐惧症状。

"距离恐惧"就是对这个案例中的肢体语言进行的精准定义。定义准确了，接下来其他的事情就迎刃而解了。定义失误，出现偏离，那么你的指导思想就会偏离，从而使你的具体行动出现偏差，这样下去结果可想而知。

我在前面的论述中曾经谈起过这种距离恐惧症，就是说有的人对于人体之间的距离远近是非常敏感的，尤其是与陌生人接触的时候，过于接近的身体距离会让他们在心理上产生强烈的不适与烦乱感。对于这种心理上的不良感觉他们自己不能克服。每当有这种让人不舒服的感觉的时候，他们都会惶恐地惴惴不安，身体就不由自主地对这种迫近的危险进行躲避。

这是一种人格特征，是依靠一己之力几乎不能战胜的特征。每当这种弱点被唤醒，当事人都会立即处在极度的心理烦乱与不安之中，如果我们了解这一点，又对此善加利用，就可以反复唤醒犯罪嫌疑人的心理不良感受，并一而再再而三地强化这种令他极度不舒服的感觉。不用说，这种心理上的持续攻击对于摧毁一个人的心理防线是有着非常重要意义的。

还有什么比用你自己的力量来摧毁你自己更强大的武器吗？我们不费吹灰之力，只是借力打力，就可以兵不血刃地让犯罪嫌疑人一败涂地，这确实是一种应该善加利用的方法。

2. 生动描述

其实对微表情与肢体语言进行生动的描述，让它具有鲜活性，还是有一点点难度的。难就难在，对于许多发生在我们面前的事件，我们只要稍加留意，就可以准确地捕捉到它的出现。但是把感觉到的东西用语言或文字进行准确的描述，不是一件轻松又简单的事情。

尤其是有的人文化水平偏低，文字功底差，认知能力有限，那就更会经常有一种茶壶煮饺子——"肚子里有，但是倒不出来"感觉了。

这个世界就是这样，并不是谁都能把自己的感受说清楚。能把自己的感受说清楚的人，就已经很了不起了，而能把别人的感受说清楚的人就更见功夫与修为了。

学习与掌握读心术显然需要具备心细如丝的素质。粗枝大叶似的作风之人不能精通这门技艺。

对观察到的现象进行准确生动的描述，这对于后续的分析与评判非常关键。因为你若是描述错了，那么后续的分析与评判也就错了。而正确的分析与评判，只能是建立在你正确的描述基础上。

比如我们看到被观察者把手放在下巴上，就可以把这种肢体语言描述为"思索"。

思索

手在嘴部

虽然手在下巴的位置上会有各种不同的手势，但是由于下颌通心，手放在这个地方基本上与思有关，所以第一步把这个动作定义为思索就是正确的。

若被观察者的手向上面一点儿放在了嘴的部位上，我们可以把这个肢体语言描述为"难言"或"说谎"。就是说，有难以表述的话语憋在心里，或者是此时说的话语里面可能有不真实的内容，而真实的情况到底如何，接下来还要通过其他的线索信息进一步评判。

不论是什么人，都会遇到有难言之隐的时候。当心里有话语或隐情，却无法真实表述的时候，有的人会不知不觉地把手放在嘴部，就好像是故意遮挡羞于见人的隐秘之言。

还有的人喜欢与别人咬耳朵的时候，用一只手遮挡嘴部，这种时候他们说的话可能是真实的，不是谎言。但是，其内容显然是不能拿到阳光之下的。遮挡是为了防止他人听见，也从另一个角度说明这句话的内容不那么光明磊落。

再比如，被观察者把手放在自己的眉毛上面，我们将它叫作"扶眉骨"，这是人在感觉羞愧的时候，经常会出现的肢体语言。

别看只是抚摸了几根眉毛，但这几根眉毛却是离心意最近的区域代表，你是扬眉吐气还是低眉顺眼，都与这几根眉毛息息相关。

当人感觉极度羞愧的时候，手就会不由自主地去扶眉毛。

这种及时的观察、准确的定义、生动的描述可以让我们精准地分析出被观察者此时此刻体验着怎样的心情，从而针对她的心理活动情况，做出我们下一步的精准判断。

说到这里，我们会意识到一件事，读心术的应用

扶眉骨

需要你对语言及文字的掌握有一定的深度，因为你的敏锐观察需要精准的语言及文字来描述，在这里丰富的文字功底会

让你的读心术能力如虎添翼。

三 对应之策

对应之策是专门写给侦查员看的，一般的读心术爱好者对此可能并不感兴趣。

我们所处的世界是如此之大，我们所接触的人与事物是如此的复杂，所以对应复杂事件的方法策略也就千变万化，不可能有什么放之四海而皆准的一定之规。

在侦查活动中我们遇到的问题几乎是没有完全相同的，好像问题与困难总是想尽办法变换面孔与我们作对。所以在侦查活动中靠前指挥，亲临一线是必不可少的要素。而具体问题具体分析是每一次考验、每一次决策的不二法宝。长期从事侦查工作的人都知道总结与借鉴类案的重要性，但是具体的侦查技巧一般来说还是有极强的针对性的，不可能完全照葫芦画瓢。

但是我可以大概地总结出几种值得借鉴的方法，供大家在实践中参考。这样当诸位遇到类似的问题时，可以结合具体的事件特点，适当地套用这些方法，希望对大家会有所帮助。

1. 行为矫正

行为矫正几乎是所有心理学派别进行心理治疗时的通用手段。这一点很好理解，因为人的心理情况无影无踪，看不见摸不着，人们只是凭借选择性测试或被观察者的一些行为表现来判断出现了什么样的心理情况。而通过借助外因来改变人的心理问题，当然也只能更多地选择看得见摸得着的行为矫正这一有效的途径了。

我们知道，人的一切行为都是脑支配的结果，而脑的问题往往都是认知的问题。只不过认知疗法需要接受者自己有极大的主动性，也要有一定基础的认知能力才行，这些在侦查活动中显然是做不到的，最简单的一点儿主动性问题都不行，没听说哪个犯罪嫌疑人会主动找上门来痛哭流涕地非要交代自己的罪行，除了自首。因此，很难在短时间内通过改变犯罪嫌疑人的认知角度来达到使其配合我们工作的目的，这样留给我们的最佳选项也就是行为矫正了。

行为矫正可以在最短的时间内通过强制性的行为规范，让犯罪嫌疑人纠正自己不羁的动作，收敛自己过分的行为，打掉他们嚣张的气焰。

通过行为规范来最大限度地影响认知角度，这是审讯中使用行为矫正方法的目的。

行为矫正一般适合于犯罪嫌疑人因为狂妄、无知、偏执、认知错误等原因引起的不配合及抗拒行为。

需要指出的是：行为矫正只是明确地在肢体动作上对行为人做出强制性的要求，并让他尽可能地保持遵守。但是行为矫正绝对不是体罚与拳脚暴力，因为暴力审讯是被法律明令禁止的，是违反法律的行为。我们不能用一个违法去制止另一个违法，更不能打着执法办案的旗号去做违法犯罪的事情。

2. 负项累加

所谓的负项累加是这样的，当犯罪嫌疑人身处办案区的时候，几乎所有的人都同时处在心理情绪的巨大起浮波澜当中，这种时刻侦查员针对案情说出来的每一句话语，对他们来说不但需要格外地注意，而且需要字斟句酌地研究，同时这也是他们的心绪随着审讯的进行，而不断翻滚纠结的过程。

这样，人的情绪在不知不觉中就会通过微表情或肢体语言不断地流露出来。因为人在这种特殊的时候体会到的是多种复杂的情绪体验，所以他的肢体语言等非言语行为也会呈多种多样的形态反复出现。对于被审讯人员出现的显示负面心理情绪的肢体语言，我们要加以留意，并记住这些线索出现的内容节点（在什么问讯的环节出现的这种肢体语言），然后在后续的审讯中反复地对被审讯人员的这一点进行攻击刺激。因为这个问题对于罪犯来说是他不愿意面对的事情，每次面对都会引起他的心里不安。

而侦查员如果对他的这一问题点反复刺激，就会把他的不良心理体验逐渐强化并放大。

这种直接针对人心理弱点的反复攻击，极易使人的意志力产生疲劳感，是对人的忍耐力的有效消磨。每一次的消磨都会加重被审讯人员的心理情绪负担，久而久之，他就会不攻自破地败下阵来。

在办理一起贪污案件的时候，侦查员遇到了犯罪嫌疑人的顽强抵抗。

286

犯罪嫌疑人在贪污一笔公款的时候，就做好了反侦查的准备。他找朋友帮忙在异地做了一个假项目，然后以投资项目的名义将资金侵吞归为己有。

在审讯中，当侦查员提到这个项目的时候，犯罪嫌疑人觉得项目是存在的，不会有什么问题与破绽，所以就张开手脚，摊开身子，一副十分放松的样子。而当侦查员问到项目的具体细节的时候，因为犯罪嫌疑人没有亲临项目现场，对这个项目的一些具体细节并不清楚，所以他的心里就出现了些许的紧张与不安，于是他的双手十指就不自觉地回收成拳了，原本伸出去的双脚也不自觉地收了回来，身子也随着手脚的回缩而挪动了一下，微微呈卷缩状。

此时此刻，这个涉嫌贪污犯罪的人坐在那里还是一副神色坦然的样子，他还在不停地狡辩着，但是他的肢体语言已经昭然若揭地告诉我们：他的心里害怕的是什么，是哪一个具体的环节让他的心里惶恐不安。

这时审讯人员有两个选择：一是按照原来制定的审讯计划继续审；二是根据犯罪嫌疑人流露出来的肢体语言重点反复地攻击有关项目进展的细节，也就是每次涉及这一个环节的时候，让犯罪嫌疑人都不自觉地回收躲避的问题节点。

如果按原先制定的审讯计划一成不变地审讯，那就是不管现场出现了怎么样的变化，都按部就班地一气审下去。这样在证据的最后佐证下案件也可以突破，但是显然是要费时费力地用好长的时间。

但是如果侦查员及时地抓住犯罪嫌疑人流露出来的肢体语言线索，对于他担心害怕的环节进行不间断的刺激攻击，就可以在他的心理不断地强化不良的负面情绪，这样就可以缩短审讯的时间，在最短的时间内突破犯罪嫌疑人的防线，一举拿下他的口供。

负项累加就是利用犯罪嫌疑人的心理弱项，进行连续的刺激，使犯罪嫌疑人的不良情绪不断积累强化，最终自己压垮自己的一种方法。

3. 及时揭穿

及时揭穿是在审讯中最常用到的一种审讯方法，一般的侦查员都熟悉这一点。但是与大家惯常使用的揭穿不一样的是，这里提到的及时揭穿显然更具有针对性。因为当通过观察犯罪嫌疑人的微表情和肢体语言而获得了他在说谎的线索后，侦查员在第一时间内就明确而直截了当地指出犯罪嫌疑人的问题所在时，这种揭穿对于妄想通过撒谎来对抗审讯的犯罪嫌疑人来说，是有着强烈心理震撼的。

及时揭穿

这种揭穿的"游戏"几个回合下来，犯罪嫌疑人的侥幸心理就大打折扣了。

在办理一起国有企业领导人收受贿赂的案件时，侦查员在与犯罪嫌疑人接触之前做了大量的前期初查工作，把犯罪嫌疑人收受贿赂款的细节证据都一一收集到案并熟记于胸。

审讯的时候，犯罪嫌疑人首先提出自己在职的时候都是正常的履行公职，没有违法乱纪的行为。

侦查员马上亮出证据证明在他在职期间有几个进货渠道的违反常规之处。面对侦查员的示证，犯罪嫌疑人无言以对，只好谎称自己工作忙并没有与乙方的人员直接接触的机会，但是他在讲述的时候有意地避开了那几个向他行贿的人的名字。

侦查员显然注意到了这一点，就在他的面前不断地提到那几个人的名字。要知道，这几个人的名字在这个时候是犯罪嫌疑人最不想听到的字眼儿，侦查员每一次提到都会在他的心里引起不安。

于是犯罪嫌疑人就想通过淡化的方式来逐渐转移侦查员的视线，从而达到避开眼前这一敏感话题的目的。但是每当犯罪嫌疑人想转移话题时，侦查员就立刻指出他跑题了，让他立即正面回答问题。每当犯罪嫌疑人矢口否认一个细节的时候，侦查员就立刻明确地指出："你说谎了！"并简洁地指出事实的原本真相。

这样的几轮交手后，犯罪嫌疑人慢慢地在不知不觉中对侦查员产生了权威感，不敢在正面与侦查员进行交锋了，而他费劲鼓足的自信心也渐渐地消失了，在侦查员的继续审讯中也不再进行狡辩了，而是一脸无奈地看着侦查员。

此时的犯罪嫌疑人嘴上虽然没有彻底交代，但是他的内心其实已经开始倾向于屈服了。

4. 心理疏导

审讯中的心理疏导当然与心理治疗上的心理疏导不一样。审讯中的心理疏导是为了打开纠缠于犯罪嫌疑人心中的问题结症，为接下来的审讯突破打好基础。

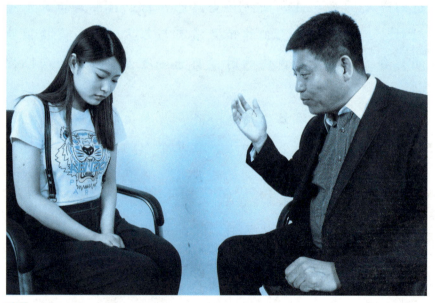

疏导

许多时候我们已经感觉到犯罪嫌疑人就要交代了，可是不论我们怎么启发他就是不进入交代的阶段，这种情况有的时候会持续很长的时间，会影响整体案件的侦破进度。

如果在这种僵持的局面进行分析，我们一般可以得出以下两种结论。第一种情况是我们对犯罪嫌疑人心理状态判断得不准，就是说犯罪嫌疑人可能并没有进入到多么纠结、挣扎状态，而我们却做出了错误的判断，这样因为判断的失误必然导致行为的无效，其预想的结果也就必然不可能出现。第二种情况是我们没有针对犯罪嫌疑人的顾虑进行有的放矢的疏导，这主要是我们的话没有说到犯罪嫌疑人的心里去，我们谈的事情没有说到点子上，这自然也就打不开犯罪嫌疑人心中的锁了。

有一个行贿案的证人兼犯罪嫌疑人，进入办案区后态度比较谦和，没有丝毫的对抗之意，但是就是不肯开口交代问题。

端坐在那里的他的双手一直在两条腿的中间紧张地搓来搓去，谁都能看出来他的内心在剧烈地纠结，但是不论侦查员们怎么启发，他都是一副欲说还休的样子，这让侦查员们很是着急。

于是负责审讯的几个侦查员坐了下来，对犯罪嫌疑人的心理情况进行了分析。大家觉得，犯罪嫌疑人确实是想交代，但是他有一个心结没有打开，正是这个心结如鲠在喉地堵在他的心里，让他一直把涌到嘴边的话又咽了回去，不找到问题所在并打开这个心结，这次审讯就没有办法再继续进行下去。

经过分析并形成这个判断之后，侦查员们决定暂时停止审讯，态度温和地坐下来与犯罪嫌疑人拉家常。通过一番了解侦查员们知道，在犯罪嫌疑人的心里那个涉嫌受贿的官员是有恩于他的。现在那个官员出事了，犯罪嫌疑人知道自己也在劫难逃，他审时度势地认为自己应该配合侦查机关的工作，把知道的事情都如实地讲出来。可是他又特别担心怕自己的交代毁了这个官员，如果是因为自己的交代而毁了这个往日的恩人，他在良心上是不能原谅自己的，这就是他的内心矛盾与纠结所在。

侦查员们通过谈心的方式对犯罪嫌疑人的内心进行梳理，找到了困扰审讯进行的问题所在，于是告诉这个犯罪嫌疑人，那个官员接受的贿赂不仅仅是他一个人的，对于其他行贿者的相关证词已经收取到案，而且这名涉嫌受贿的官员也正在交代自己的罪行，现在已经有充足的证据可以证明这名官员涉嫌构成重大受贿犯罪。

听到侦查员们这样说，犯罪嫌疑人长长地喘出了一口气，马上如实地把自己怎么向这名官员多次行贿的事实经过做了完全的交代。

根据犯罪嫌疑人的外在表现来解读犯罪嫌疑人的真实心理，然后对犯罪嫌疑人的心理情况进行梳理、疏导，找出问题的症结所在，进行有针对性的工作，往往可以一招中的，把一个难题瞬间化解掉。

第六节　需特别注意之处

将行为心理学应用到侦查工作中，自然会给我们"插上翅膀"，会帮助我们提高自身的技战术水平，但是有两点问题需要特别提示，因为这两点在实践中尤为重要。

（一）　永远尊重规律

行为心理学是一门学问，而行为心理学中的非言语行为的研究与应用，也是建立在大量理论与实践相互印证基础上的一门技能。

作为一门实用技能，非言语行为的应用也有需要遵守与尊重的规律。这些规律是无数人经过无数的研究与探索总结出来的经验，这些用辛勤实践得来的规律是用来遵守的，不可以把玩与亵渎，否则不遵守规律者必然被规律所羞辱。

有一个读心术专家很有名气，应该说他在理论与实践上都有不俗的造诣。他带有一个研究团队。他因为名气大还经常受邀参加一些电视台组织的综艺节目。

另外，也有侦查机关邀请他对侦查员们进行培训，指导侦查员们如何掌握读心术的基本要领并在办案中应用。

我无缘与这个专家相见，但也希望有机会能向他请教一二。

一次，我在给外地来的同行授课的时候，意外地得知在座的侦查员中有几个人听过那个专家的课程。于是我就向那几个同行打听他们听课的感受。

有一个学员说了一件事情给我的震动挺大。他说那个专家讲授的读心术与我的讲授差别不太大，我们两个人的主要区别是：那个专家的授课更侧重于基础理论方面，而我的授课可能侦查实战性更多一些。

紧接着他说了一件事，他说："我在电视上看见过那个专家参加综艺节目，针对导演临时找来的观众进行读心术的解读表演，但是成功率都不到百分之五十。"

这是一件令我非常震惊的事情。我知道非言语行为的研究在司法实践中的应用有一定的局限性，这很正常，没什么可值得大惊小怪的。因为人实在是太复杂了，又太善于隐藏与欺骗了，所以读心术在侦查实践中能有三分之二的准确性，就已经非常不易了。

记得美国联邦调查局的读心专家乔·纳瓦罗曾经说过："专家如我，成功率也只有一半。"

乔·纳瓦罗在读心术方面是大师级的人物，他的话当然有一定的自谦成分，但是读心术作为一门技能，它不能百分之百地揭示事物的本来面目，这谁都能理解。所以我们在应用读心术的时候，出现偏差与失误也是符合事物发展规律的。然而让我吃惊的是那位受我尊敬的专家竟然会在众目睽睽之下，对导演临时挑选的观众进行读心术的解读表演，这让我十分惊讶。

要知道，读心术的解读线索必须是被观察者在无意识当中流露出来的微表情和肢体语言，这里的"无意识流露"是一个必须遵守的铁律。

既然是铁律就必须要被遵守与尊重，而不遵守规律的人，必然要被规律惩罚。

不论在什么情况下，读心术显然都不适合进行表演。特别是在你无法确定线索信息是不是在无意识状态下流露的。

而在舞台上，把临时找来的观众当作观察对象，得到的线索周真伪难辨，自然无法解读。

被观察者在无意识之中流露的微表情和肢体语言才是我们解读的线索，这一点一定要牢记。因为人只有在无意识当中受心理情绪影响，而流露在外的非言语行为才能最真实地反映他的潜在心意，这样的线索才有研判的价值。

在侦查工作中，我们既会收集犯罪嫌疑人无意之中流露出来的微表情及肢体语言，也会观察到犯罪嫌疑人有意装疯卖傻做给我们看的种种表演。因此，才有了那句话：识破故意的表演，解读无意的流露。

（二）　千万留意性质冲突的非言语行为

非言语行为本身都有其正面与负面的独有特质，这一点是非常鲜明的，因此当一个人处在一种强烈的情绪中时，他的这一类非言语行为会集中地出现。比如一个人处于喜悦之中，那么有关喜悦的、正面的微表情及肢体语言就会接二连三地呈现在我们的眼前，因为在情绪的驱使下这很正常。

正因为一种情绪就会产生相应的一类非言语行为，所以从常理上来说，人的身上很难有两种水火不相容的情绪同时存在，这有如一山难容二虎。

比方说一个人处于极度的恐慌之中，然而他的心里却又充满了无比的喜庆之意，这种情况在我们的日常生活中怕是不常见的吧！也许戏剧之中能创造出来这种离奇的情景，一般的寻常百姓怕是难有这种奇遇。

但是如果在审讯的时候，一个犯罪嫌疑人在认真地述说着一件事情时，他的面部微表情不但非常丰富，而且相继出现了正、负两种相互冲突的表情，那对我们侦查员来说眼前的情景意味着什么呢？毋庸置疑，当这种难得一见的情况出现在我们眼前的时候，我们要留意了，对方在用他的微表情告诉我们：此时此刻一个秘密正在悄然发生。

因为人很难同时处于两种极端的情绪当中，而面对审讯活动，对于犯罪嫌疑人来讲都是极其负面的心理体验。在强大的审讯压力之下，犯罪嫌疑人被迫做出犯罪事实的供述，他内心体验的是负面心理。但是如果此时我们在观察到他深深处在负面情绪中的同时，脸上还有正面的微表情出现，这显然是一个令人吃惊的现象。

合理的解释只有一个，那就是他在体验负面情绪的同时，其实还暗暗体会到了更大的正面情绪。更准确的描述是：犯罪嫌疑人在不得不如实交代一部分涉嫌犯罪的事实的情况下，同时也在极力地试图掩盖另一部分没有暴露的涉嫌犯罪的事实。在极度的负面情绪中，犯罪嫌疑人因为自己成功地隐瞒了更大的罪行，而使自己的内心产生暗自庆幸之意，于是乎因得意而忘形，不自觉中就流露出来让人意外的微表情。

也就是说，因为交代与隐藏这两种截然相反的内心动机，既相互矛盾又相互冲突的并存，才会出现如此戏剧性的微表情。

还有就是他在演戏。

身体是诚实的，人的身体从不说谎。对于身体来说，正面的就是正面的，负面的就是负面的，这是不能颠倒的。但我们那大大狡猾的智脑是一个事事都在计算比较、时时都在权衡利害关系的家伙。只要一有可能，我们的智脑就会想尽办法，用尽手段来保护我们的安全，使我们不陷于危险境地。

这样，人就会在内心深处有几种不同的情绪在纠结冲突。毫无疑问，这种矛盾的冲突也必然要在当事人的脸上表现出来，于是我们就有幸观看到丰富多彩的各种表情，层出不穷地在这个倒霉蛋的脸上出现。不懂得观察的人当然不知道眼前发生了什么事情，只是觉得这家伙说起话来怎么挤眉弄眼的呢？但是学会了观察技巧，看到这种复杂而冲突的面部表情接连出现，就会哑然失笑，立刻明白这其中暗藏的真实含义。

人的脑在接受到外界的信息后，会立即根据这个信息对自己的利害关系、性质、分量等不同而自然产生相应的情绪反应。而相应的心理情绪会通过微表情或肢体语言流露出来，这些都是自然而然的事情。

情绪会驱使非言语行为反复出现，这是人的身体对情绪的能量进行释放的一种方式。所以我们经常会看到一个人沉浸在巨大的喜悦中，心情久久不能平静。我们也会经常看到一些人，在接二连三的打击下深陷于深重的负面情绪中难以自拔。

情绪线索的反复出现，是在证明当事人情绪感染的严重程度，这对于我们判断事态的严重程度，分析当事人的心理走向有着积极的意义。这些线索对于研究行为心理学在侦查中的应用，更是有着宝贵的价值。

我们应该注意这样一些类似的奇怪现象：比如，在一起喜庆事件中，当事人嘴上说着"好！好！好"，可是他的脸上却露出了苦涩的笑容。这种现象能不引起我们的注意吗？

再比如，犯罪嫌疑人在强大的审讯压力下开始进行供述，在讲述自己涉嫌犯罪事实的过程中虽然他的表情是凝重的，但是他的脚却在桌子底下愉快地摇晃着。对于这种现象我们能够等闲视之吗？显然不能。

在长期的司法实践中，在研究了大量的案例后，我得出一个结论：犯罪嫌疑人在面对侦讯人员的问话时，如果出现了相互冲突的非言语行为，那么往往预示着两种可能性。

1. 说谎成功

在日常的生活中我们也经常会遇到这样的事情，一个人因为一件事做得并不好而被领导批评了，就在他觉得这次肯定完蛋了的时候，领导却高抬手放了他一马。本来一直紧张兮兮的他，会不由自主地吐一下舌头。

在这样负面的事件中，紧张害怕的情绪都会产生强烈的负面心理，但是领导意外的不予追究才是他吐舌头的原因。吐舌头是典型的正面情绪心理，在这种负面与正面情绪冲突出现的情况下，最后这个看似不起眼儿的吐舌头，才是最有意义的非言语行为。

吐舌头

侦查活动中也是这样，我们在查询一件至关重要的事情时，对方在向我们讲述的时候，一直有点儿紧张地看着我们。在他努力地做出肯定性的结论后，见我们没有提出疑问，显然是相信了他的话语，他就会不自觉地轻轻吐一下舌头。

这是因为谎言被采纳了，他一直缺少的自信心得到了提升，于是我们就有幸看到了这种不常见的冲突性非言语行为的表演，但是要知道观看这种难得一见的表演的代价是：我们被欺骗了。

2. 丢卒保车成功

我们遇到的犯罪嫌疑人往往都是贪得无厌的，他们因为欲壑难填，所以不会放过任何一个能满足欲望的机会。这样许多人就会在放任自己中涉嫌犯下很多罪行，涉嫌触犯多个罪名。

在实施犯罪行为的时候，都是希望自己的利益最大化；在面对审查的时候，都是希望自己的责任最小化，这就是所有犯罪嫌疑人的普遍心理。

有经验的侦查员大多都遇到过这样的情况：在经过一番激烈的唇枪舌剑交锋之后，犯罪嫌疑人终于开始服输，交代自己的罪行；但是在交代涉嫌犯罪的过程中看似神情沮丧的他们不是高高地撸起自己的衣服袖子，就是轻松愉快地在那里颠自己的脚。

这些反常的肢体语言不知道是否引起过你的注意？我想，没有接触过读心术的侦查员恐怕很难对这些发生在眼前的无声线索有什么反应，但是如果你看了这本书，就再也不会对这种违反常规的现象置若罔闻了。

因为发生在你眼前的这些不值得一提的小动作，其实是在告诉你：你被瞒骗了。

这其中的秘密有如一层窗户纸，若不捅破你永远不知道屋里面有何方神圣。而一旦捅破这层窗户纸，你就会恍然大悟——原来如此。

犯罪嫌疑人在面临法律制裁的时候，总是能抵抗就抵抗，能隐瞒就隐瞒，他们抵抗与隐瞒的目的就是希望自己的罪行暴露得越少越好。只有在实在没有办法抵抗的情况下，他才会交代自己的罪行。

但是不要忘了，审讯是一个审讯者与被审讯者双方都在极力获取信息的过程。侦查员站在信息的制高点，是信息不对称的主动者；而犯罪嫌疑人虽然在信息获取与使用上是弱势一方，但是他是事件的亲历者，有最终的事实全知晓的优势。

在逃避打击心理的驱使下，许多犯罪嫌疑人在证据的压力下都会采取丢卒保车的策略来应付过关并保护自己。所以当他们实施这一试探性策略后，他们会紧张地观察侦查员是否如自己所愿地落入彀中。一旦我们相信了他们的瞒天过海之计，犯罪嫌疑人的得意之情就会无法控制地泛滥，表现出来的迹象就是不合时宜的、违反常规的冲突性非言语行为。

可见，微表情与肢体语言并不会无缘无故地出现，它们的背后往往隐藏一些秘密。而冲突性非言语行为的背后，对于侦查员来说更是不能掉以轻心的关键所在。

第七节　结束语

行为心理学在侦查中的应用是一个常新常变化的过程，而且这一过程永无止境。

说到最后了，我又想起了无数学员问过我的那句话：到底该怎么样在实战中应用读心术这门技战术呢？

显然这是一个能引起千言万语的话题，不同的人肯定都信心满满地有属于自己的经验与答案。就我个人来说，从方便大家在工作实战中应用与掌握的角度进行总结，觉得大家不妨记住这样三个步骤：是什么？为什么？怎么办？

（一）我们看到了什么？

就是说你观察到了什么，是微表情还是肢体语言？因为只有你能察觉到，才能引起内心的感悟，如果没有初始阶段的察觉，那么后面的一切都与你无关。

察觉是基础，是一切有意义的开始。

生活中的一切觉察都是有意义的。觉察是给黑白色的生命镀彩，觉察是自己给生命增加宽度。

没有觉察的生命是空洞乏味的。

可见，在一些有必要应用观察技巧的时候，你首先要做到的是：看到了什么有价值的线索。

（二）这是为什么？

这个"为什么"是说，要给你观察到的线索贴标签下定义，然后根据标签定义来分析出这些线索的真实内涵与意义。也就是说，要分析出是什么信息源的刺激引起了线索的发生？一个若有若无的非言语行为后面，隐藏着的究竟是什么样的内情？

这是一个分析与研判的过程。若快，只需瞬间我们就能洞察那隐藏在迷雾深处的通幽曲径；若慢，我们可能需要几天或更长的时间苦苦思索。据说国外由政府资助的读心术研究团队，经常会对一张相片凝神研究几个月。

可以回答清楚为什么了，我们对眼前发生的事情就基本上了然于胸了。这时候的你就好似有了火眼金睛，已经能够拨开迷雾觅晴日，透过现象看本质了。

（三）我们该怎么办？

"怎么办"其实就是对应之策，就是当我们发现了问题之后，所要采取的解决之道。

日常生活中，我们在必要的时候，通过读心术发现一些必须面对或解决的事情时，当然要以善念为本去关心、体贴、谅解、包容内心充满负面情绪之人。

但是若是在侦查工作中，就完全是另外一回事了。侦查活动是司法人员依法执行公务，所从事的法律行为是依法取得授权的正义之举，不存在道义上正确与否的问题。

在侦查工作中通过读心术发现问题是一种能力，而针对这个问题有效地制定出解决方案就是一种智慧了。任何方案都一定要建立在正确的分析与判断的基础上，才能引导我们的行为，最终取得满意的结果。

CHAYAN
GUANSE

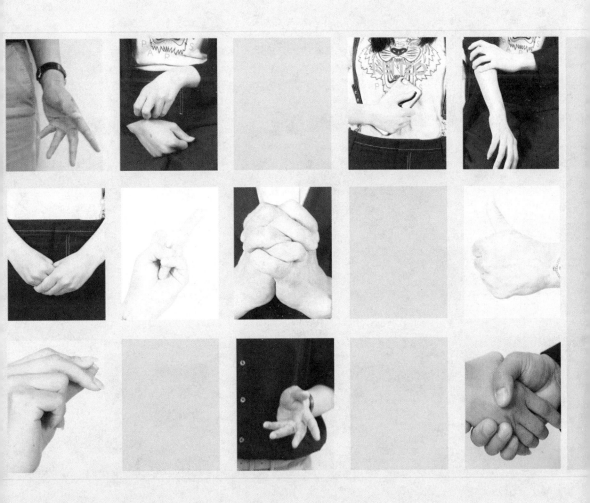

察
颜观
色
CHAYAN
GUANSE